| 16 | 3  | 2  | 13 |
|----|----|----|----|
| 5  | 10 | 11 | 8  |
| 9  | 6  | 7  | 12 |
| 4  | 15 | 14 | 1  |

# LIMA BARRETO:
# UMA AUTOBIOGRAFIA
# LITERÁRIA

*Organização, apresentação e notas*
*Antonio Arnoni Prado*

editora■34

EDITORA 34

Editora 34 Ltda.
Rua Hungria, 592 Jardim Europa CEP 01455-000
São Paulo - SP Brasil Tel/Fax (11) 3816-6777 www.editora34.com.br

Copyright © Editora 34 Ltda., 2012
*Lima Barreto: uma autobiografia literária* © Antonio Arnoni Prado, 2012

A FOTOCÓPIA DE QUALQUER FOLHA DESTE LIVRO É ILEGAL E CONFIGURA UMA
APROPRIAÇÃO INDEVIDA DOS DIREITOS INTELECTUAIS E PATRIMONIAIS DO AUTOR.

A Editora 34 agradece à Biblioteca Prof. João Ferreira da Silva Filho do Instituto de Psiquiatria da Universidade Federal do Rio de Janeiro a cessão das imagens dos prontuários de internação de Lima Barreto.

Imagem da capa:
*A partir de gravura de Oswaldo Goeldi, s.d.*
*(autorizada sua reprodução pela Associação Artística Cultural Oswaldo Goeldi - www.oswaldogoeldi.com.br)*

Capa, projeto gráfico e editoração eletrônica:
*Bracher & Malta Produção Gráfica*

Revisão:
*Alberto Martins*
*Carlos Frederico Barrère Martin*

1ª Edição - 2012

CIP - Brasil. Catalogação-na-Fonte
(Sindicato Nacional dos Editores de Livros, RJ, Brasil)

Arnoni Prado, Antonio (org.)
A5951      Lima Barreto: uma autobiografia literária /
organização, apresentação e notas de Antonio
Arnoni Prado. — São Paulo: Editora 34, 2012
(1ª Edição).
200 p.

ISBN 978-85-7326-494-4

1. Barreto, Lima (1881-1922). 2. Literatura
brasileira. I. Título.

CDD - 809

## LIMA BARRETO:
## UMA AUTOBIOGRAFIA LITERÁRIA

*Apresentação* ............................................................ 9
*Nota do organizador* ................................................ 13

I. Autorretrato ........................................................ 15
II. O narrador ......................................................... 25
III. Persona e personagens ..................................... 41
IV. Crítica e comentário .......................................... 57
V. Sobre arte e literatura ........................................ 95
VI. De fora do Panteão .......................................... 123
VII. Alma libertária ................................................ 139
VIII. Morte e penitência ........................................ 163
IX. Outros retratos ................................................ 173

*Índice onomástico* .................................................. 185
*Obras de Lima Barreto citadas* ............................. 190
*Referências bibliográficas sobre o autor* ............. 195
*Sobre Lima Barreto* ............................................... 197
*Sobre o organizador* .............................................. 199

*À memória de Francisco de Assis Barbosa,
o primeiro a nos revelar a grandeza intelectual e humana
do escritor Lima Barreto.*

Prontuário da segunda internação de Lima Barreto, em 1919,
no Hospital Nacional de Alienados da Praia Vermelha, Rio de Janeiro.
Acervo da Biblioteca Prof. João Ferreira da Silva Filho
do Instituto de Psiquiatria da UFRJ.

# Apresentação

Longe de pretender-se uma nova biografia de Lima Barreto (1881-1922), a intenção deste trabalho é bem outra. Seu propósito é apresentar ao leitor um recorte na formação da sensibilidade artístico-literária do autor de *Clara dos Anjos* através da exposição gradativa, no plano da história e da memória, das marcas mais fundas que foram moldando não apenas a sua consciência de escritor e de crítico, mas também — e sobretudo — o modo com que elas se manifestam no processo de construção dos seus livros.

*Lima Barreto: uma autobiografia literária*, por falta de outro, nos pareceu o nome mais próximo das aspirações que nos levaram à montagem de um roteiro que articulasse, aos motivos autobiográficos, as fontes de crítica e de doutrina literária que importava assinalar no processo da formação do escritor.

Isto sem o propósito de fazer do livro a exposição de um estudo crítico sobre a obra de Lima Barreto. Aliás, neste trabalho o organizador não se manifesta. Ao contrário, a ideia desta "autobiografia literária" é dar a palavra unicamente a Lima Barreto; pô-lo sozinho em cena, numa espécie de depoimento em que apenas ele se dirija ao leitor. É deixá-lo falar, falar o tempo inteiro, de tal modo que a sua fala se vá gradualmente encorpando na ressonância de todas as outras falas que reboam no conjunto de sua obra: a fala das personagens, a fala das cartas, a fala do ensaio, a fala das resenhas, a fala do artigo de circunstância, a fala da conferência, a fala da crônica, a fala dos diários e dos solilóquios, a fala das confissões e da revolta, a fala dos desenganos, e assim por diante.

Já no "Autorretrato", capítulo de abertura, aparecem, por exemplo, os temas da pessoa e da personalidade, as circunstâncias da trajetória do homem, ali tomadas como um painel de motivos formadores que migram das confissões dos diários para os esboços das personagens de ficção, com reflexos não somente nos móveis da ação romanesca, mas também na projeção inventiva das aparências do mundo — seja mediante a compressão moral nos signos do homem, seja na figuração artística de suas relações com o espaço da sobrevivência, entre as misérias do subúrbio e as decepções da cidade.

Sob os registros fragmentários e incisivos dessa verdadeira ética do desencanto, movida pela dor e o sarcasmo, o leitor verá expandir-se a angústia do preconceito, que salta das confissões dos diários para a nebulosa originária da ficção, aos poucos se convertendo nos fundamentos humanos de um projeto literário em movimento.

É em torno dessa nebulosa inicial que se organiza o segundo capítulo do livro, interessado em mostrar ao leitor as primeiras providências de um narrador atormentado pela necessidade de escrever numa sociedade em que a literatura, com raras exceções, não ia além dos artificialismos da ostentação retórica. Esse é o momento em que começa a se esboçar, na sensibilidade de Lima Barreto, uma insatisfação revoltada sobre o que deveria ser a função do escritor, alvo que ele passa a perseguir nas confissões e nos comentários livres, ao desenhar no papel as primeiras impressões das cenas depois transpostas para os romances, os contos, as crônicas e as tentativas frustradas de composição teatral.

Aqui o interesse maior foi acompanhar esses exercícios preparatórios com a preocupação de anotar, em cada um de seus movimentos, os contornos que eles assumiam na explicação dos prefácios, na preparação dos diálogos, na pesquisa dos processos descritivos, no arranjo dos motivos da ação romanesca, na montagem do perfil dos caracteres etc. E, ao assim procedermos, pudemos observar que as revelações dessa etapa preliminar foram tão mais decisivas quanto mais integradas ao processo da notação radical que nutre o conteúdo dos bilhetes e das cartas; os lembretes e as advertências apostos aos esquemas de composição; o enquadramento dos tipos na configuração dos enredos, na concepção dos epílogos, no verismo quase sempre circunstancial e biográfico dos temas de fundo.

A decisão de transcrever em fontes diferentes os fragmentos de ficção e não ficção pareceu-nos a forma mais eficiente de estimular no leitor a força reveladora desses paralelismos que jorram de todos os lados. E um modo de ordená-los foi apresentar o conjunto de tal maneira que cada uma de suas convergências pudesse ser percebida como uma espécie de contraparte iluminadora das outras modalidades. É assim que, já no capítulo terceiro, passamos a documentá-los a partir do cruzamento do texto literário com a variedade mais diversificada dos materiais a ele vinculados, seja do ponto de vista de sua composição escrita, seja da perspectiva de sua destinação social ou ideológica.

Conforme anuncia a epígrafe em "Persona e personagens" — tópico desenvolvido nesse capítulo —, o que aí prevalece é justamente o cruzamento das impressões e revelações do homem sem lugar no contexto oficial dos letrados, com os diferentes momentos em que, na ficção, na correspondência e nos diários, tipos e personagens, vozes e registros humanos de caricaturas e retratos do cotidiano vão sendo gradativamente esculpidos, dessemelhantes e afastados uns dos outros, mas vinculados, cada um deles, aos diferentes momentos da turbulência espiritual e humana na inteligência literária que se constituía.

Uma leitura da rotação desses perfis nos revela, nos três capítulos seguintes, em primeiro lugar, a disposição para o debate e a polêmica, presente tanto no panorama dos artigos que circularam pelos jornais e revistas da época, quanto no universo da correspondência, a essa altura cada vez mais amplo e enriquecido da experiência trocada com grande número de poetas e escritores do seu tempo (em "Crítica e comentário"). Em seguida, o amadurecimento da formação intelectual, que Lima Barreto vai aprofundando não apenas em contato com os livros e as obras de referência anotados até mesmo na biblioteca do hospício, mas sobretudo no "mergulho abissal com que interroga os mistérios" dos grandes mestres da literatura universal (Cervantes, Tolstói, Dostoiévski, Baudelaire, em "Sobre arte e literatura"), de onde sai decidido a romper definitivamente com o pequeno mundo dos literatos pomposos da Academia no Rio de Janeiro que então se modernizava (em "De fora do Panteão").

Transposto o auge da revolta, que perdura enquanto a obra se completa, o homem entra em decadência. No espelho dos sinais da alma, o tom como que arrefece à medida que os olhos se vão embaçando, toldados na desesperança do fracasso. E a imaginação, que antes formulava embates (no capítulo "Alma libertária"), prefere recolher as velas para ir morrer nas águas menos bravas da resignação complacente, com os olhos postos no Mistério da redenção ("Morte e penitência"), para onde se ergue o derradeiro voo do projeto. Olhando com cuidado, o leitor poderá notar que, entre estes dois planos, se organiza grande parte dos juízos críticos que fecham o volume, no capítulo dos "Outros retratos".

*Antonio Arnoni Prado*

# Nota do organizador

A montagem do roteiro que compõe esta *Autobiografia literária*, afora a consulta à bibliografia geral até aqui publicada sobre a obra de Lima Barreto, baseou-se primordialmente nos volumes que integram a primeira edição da *Obra completa* do autor, organizada por Francisco de Assis Barbosa, com a participação de Antônio Houaiss e M. Cavalcanti Proença, e publicada em São Paulo pela editora Brasiliense, em 1956, com reimpressão em 1961.

Na organização do material, houve casos em que — exclusivamente no interesse de ressaltar a contundência de certas passagens e eventos biográficos — o organizador tomou a liberdade de juntar e editar num mesmo bloco diferentes entradas do diário de Lima Barreto, dando sempre em nota ao leitor as respectivas datas, sem necessariamente indicar onde começa e termina a citação.

O leitor encontrará ainda, ao final de cada capítulo, comentários e esclarecimentos que seguem a mesma numeração das notas de rodapé.

# I
# Autorretrato

Eu sou Afonso Henriques de Lima Barreto. Tenho vinte e dois anos. Sou filho legítimo de João Henriques de Lima Barreto. Fui aluno da Escola Politécnica. No futuro, escreverei a *História da escravidão negra no Brasil e sua influência na nossa nacionalidade*. Nasci em segunda-feira, 13 de maio de 1881.

Acordei-me da enxerga em que durmo e difícil foi recordar-me que há três dias não comia carne. Empreguei-me e há três meses que vou exercendo as minhas funções. A minha casa é aquela dolorosa geena pra minh'alma. É um mosaico tétrico de dor e de tolice. Meu pai, ambulante, leva a vida imerso na sua insânia. Meu irmão, C., furta livros e pequenos objetos para vender. Oh! Meu Deus! Que fatal inclinação, a desse menino!

Agita-me a vontade de escrever já, mas [naquela] secretaria de filisteus, em que me debocham por causa da minha pretensão literária, não me animo a fazê-lo.

Diz-se que as misturas entre raças são um vício social, uma praga e não sei que coisa feia mais. Tudo isto se diz em nome da ciência e a coberto da autoridade dos sábios alemães. Oh! A ciência! Eu era menino, tinha aquela idade, andava no meio dos preparatórios quando li, na *Revista Brasileira*, os seus esconjuros, os seus anátemas... Falavam as autorizadas penas do senhor Domício da Gama e Oliveira Lima... Eles me encheram de medo.[1]

\* \* \*

— *Sabe o que nos matou?*
— *Não.* — respondeu com simplicidade o paciente esculápio.
— *Foi o negro.*
O médico pareceu não se admirar muito do segredo e com alguma ironia retrucou:
— *Pois olhe, doutor. Eu julgava o contrário. Eles fizeram o Brasil. Lavraram as minas; plantaram a cana; guerrearam; e hoje colhem o café e cavam estradas. Chegava a pensar que fizeram a nossa unidade. Veja como são as coisas, doutor Alfredo.*
— *De fato, fizeram alguma coisa disso, mas são inferiores, incapazes pra civilização. Não são árias, doutor Gomensoro, não são árias.*
— *Que diabo é isso?*
— *Oh! doutor. Não conhece a teoria dos árias?* — interrogou espantado o moço advogado.[2]

\* \* \*

Estou monomaníaco. Medito uma refutação a um trecho da história [do Brasil] do João Ribeiro, não ao que dizem as palavras, mas ao espírito que as ditou e que se esconde debaixo delas.

---

[1] *Diário íntimo*, 1903, sem data; 2 de junho de 1903; 1905, sem data; 31 de janeiro de 1905.

[2] "Clara dos Anjos", primeira versão incompleta (1904), em *Diário íntimo*.

Imagine você que trato de indagar se a ciência, dado o seu grau de probabilidade, pode ter juízos formais e condenatórios; e se em face do grau de probabilidade dela, esses juízos condenatórios não são equivalentes a anátemas, a excomunhões religiosas.[3]

\* \* \*

Tomei o *tramway*. Fui vendo o caminho. Em breve, deixamos toda a atmosfera urbana, para ver a rural. Há casas novas, os *chalets*, mas há também as velhas casas de colunas heterodoxas e varanda de parapeito, a lembrar a escravatura e o sistema da antiga lavoura. Eu, olhando aquelas casas e aqueles caminhos, lembrei-me da minha vida, dos meus avós escravos e, não sei como, lembrei-me de algumas frases ouvidas no meu âmbito familiar, que me davam vagas notícias das origens da minha avó materna, Geraldina [Leocádia da Conceição]. Era de São Gonçalo, de Cubandê, onde eram lavradores os Pereiras de Carvalho, de quem ela era cria.

Lembrando-me disso, eu olhei as árvores da estrada com mais simpatia. Eram muito novas; nenhuma delas teria visto minha avó passar, caminho da corte, quando os seus senhores vieram estabelecer-se na cidade. Isso devia ter sido por 1840, ou antes, e nenhuma delas tinha a venerável idade de setenta anos. Entretanto, eu não pude deixar de procurar nos traços de um molequinho que me cortou o caminho, algumas vagas semelhanças com os meus. Quem sabe se eu não tinha parentes, quem sabe se não havia gente do meu sangue naqueles párias que passavam cheios de melancolia, passivos e indiferentes, como fragmentos de uma poderosa nau que as grandes forças da natureza desfizeram e cujos pedaços vão pelo

---

[3] Carta a Gregório Fonseca, 18 de novembro de 1906.

oceano afora, sem consciência do seu destino e de sua força interior.[4]

\* \* \*

Fui ao *High Life*. Já se sabe com quem... Com o Pausílipo [da Fonseca]. Duas vezes, e seguidas. Tomei dois pifões. O segundo prolongou-se até às seis horas da manhã. Estávamos eu, o Guima, o Pausílipo, o Quakebecker e dois mineiros, um coronel político e um negociante de gêneros do país. Este pagou, mas porque tirou no jogo o importe da conta. Passaram pela nossa mesa duas francesas e, no fim da noite, a Marieta Bicicleta. Tu a conheces? Eu não a conhecia e lá falei em bicicleta. Foi uma gafe, e passou. Saí doido pela minha casa familiar. Começo a achar tudo isso idiota, besta, sem resultado e sem prazer. Esses repórteres (não metas o Pausílipo aí), esses rufiões, mais ou menos disfarçados, já me enchem de nojo. Eu tenho mesmo nojo de mim mesmo que me meto com eles. Acho muito melhor a minha casa familiar do que essa farândola doida de porres, vagabundas e clubes de bacará. Acabo convencido de que a sociedade está bem organizada.[5]

\* \* \*

Eu não sei se alguém já observou que o alemão vai tomando, nesta nossa lúcida idade, o prestígio do latim na Idade Média. O que se diz em alemão é verdade transcendente. Por exemplo, se eu dissesse em alemão — o quadrado tem quatro lados — seria uma coisa de um alcance extraordinário, embora no nosso rasteiro português seja uma banalidade e uma quase verdade.

---

[4] *Diário íntimo*, 10 de fevereiro de 1908.
[5] Carta a Antônio Noronha Santos, 27 de julho de 1908.

[Mas] o que é verdade na raça branca, não é extensivo ao resto; eu, mulato ou negro, como queiram, estou condenado a ser sempre tomado por contínuo. Entretanto, não me agasto, minha vida será sempre cheia desse desgosto, e ele far-me-á grande.
Quando me julgo — nada valho; quando me comparo, sou grande.
Enorme consolo.
Há coisas que, sentidas em nós, não podemos dizer. A minha melancolia, a mobilidade do meu espírito, o cepticismo que me corrói — cepticismo que, atingindo as coisas e pessoas estranhas a mim, alcançam também a minha própria entidade — nasceu da minha adolescência feita nesse sentimento da minha vergonha doméstica, que também deu nascimento a minha única grande falta.[6]

\* \* \*

*Os bondes continuavam a passar muito cheios, tilintando e dançando sobre os trilhos. Se acaso um dos viajantes dava comigo, afastava logo o olhar com desgosto. Eu não tinha nem a simpatia com que se olham as árvores; o meu sofrimento e as minhas dores não encontravam o menor eco fora de mim. As plumas dos chapéus das senhoras e as bengalas dos homens pareceram-me ser enfeites e armas de selvagens, a cuja terra eu tivesse sido atirado por um naufrágio. Nós não nos entendíamos; as suas alegrias não eram as minhas; as minhas dores não eram sequer percebidas...*[7]

\* \* \*

---

[6] *Diário íntimo*, 1905, sem data; 26 de dezembro de 1904; 3 de janeiro de 1905.

[7] *Recordações do escrivão Isaías Caminha*, 1909.

Entre nós, as fisionomias são mais secas, contraídas, cheias de fogo, mas não têm a limpidez dessas fisionomias saxônicas, que a gente vê nas reproduções dos quadros dos pré-rafaelitas. Há alguma coisa de primitivo nelas, de um primitivo sem selvageria, um sentimento do além, do desconhecido, visto por anjos delicados. Os selvagens são sempre graves; nós somos sempre graves, quando não, uns abandonados às contrações sagradas do "purismo".[8]

\* \* \*

*Olhei-o interrogativamente. O homem tinha o ar mudado. Os lábios estavam entreabertos, trêmulos, pálidos, o olhar esgazeado, fixo, cravado no meu rosto. Olhava-me como se olhasse um duende, um fantasma. Contendo porém a comoção, pôde dizer:*
*— Dentes negros! Meu Deus! É o diabo! É uma alma penada, é um fantasma.*[9]

\* \* \*

Noto que estou mudando de gênio. Hoje tive um pavor burro. Estarei indo para a loucura?
Encontrei na estação T. S., um vagabundo, companheiro de P. Disse-lhe que tinha estado doente, e ele me confessou que também, à guisa de quem faz uma confidência, explicando-me, ao ouvido, que tinha levado uma navalhada na barriga da perna. Penso que ele tinha perebas.[10]

---

[8] *Diário íntimo*, 24 de janeiro de 1908.

[9] Do conto "Dentes negros e cabelos azuis", em *Histórias e sonhos*, 1920.

[10] *Diário íntimo*, 13 de julho de 1914 e março de 1916.

* * *

*Tenho que avançar como um acrobata no arame. Inclino-me daqui; inclino-me dali; e em torno recebo a carícia do ilimitado, do vago, do imenso... Se a corda estremece acovardo-me logo, o ponto de mira me surge recordado pelo berreiro que vem debaixo, em redor, aos gritos. E entre todos os gritos soa mais alto o de um senhor de cartola, parece oco, assemelhando-se a um grande corvo — esse berra alto, muito alto: "Posso lhe afirmar que é um degenerado, um inferior; vinte mil sábios alemães, ingleses, belgas, afirmam e sustentam".*[11]

* * *

[Lembro que] armei um laço numa árvore lá do sítio da ilha [do Governador], mas não me sobrou coragem para me atirar no vazio com ele ao pescoço. Nesse tempo, eu me acreditava inteligente e era talvez isso que me fazia ter medo de dar fim a mim mesmo. Hoje, quando essa triste vontade me vem, já não é o sentimento da minha inteligência que me impede de consumar o ato: é o hábito de viver, é a covardia, é a minha natureza débil e esperançada.

No dia 30 de agosto de 1917, eu ia para a cidade, quando me senti mal. Tinha levado todo o mês a beber, sobretudo parati. Bebedeira sobre bebedeira, declarada ou não. Comendo pouco e dormindo sabe Deus como. Andei porco, imundo. Voltei para casa, muito a contragosto. Deitei-me, vomitei e andava com fluxo de sangue, que me levava à latrina frequentemente. Numa das vezes em que fui, caí e fiquei como mor-

---

[11] Do conto "Dentes negros e cabelos azuis", em *Histórias e sonhos*, 1920.

to. Meus irmãos acudiram-me e trouxeram-me a braços. Não sei o que se passou.[12]

\* \* \*

*Sonhei-me um Capitão Nemo, fora da humanidade, só ligado a ela pelos livros preciosos, notáveis ou não, que me houvessem impressionado, sem ligação sentimental alguma no planeta, vivendo no meu sonho, no mundo estranho que não me compreendia a mágoa, nem ma debicava, sem luta, sem abdicação, sem atritos, no meio de maravilhas.*[13]

\* \* \*

*Um vago desejo de morte, de aniquilamento. Via minha vida esgotar-se, sem fulgor, e toda a minha canseira feita, às guinadas. Eu quisera a resplandescência da glória e vivia ameaçado de acabar numa turva, polar loucura. Polar, porque me parecia que nenhuma afeição me aquecia, e turva, pois eu não via, não compreendia nada em torno de mim. Eu me comparava a um explorador das regiões árticas, que tivesse durante anos atravessado florestas lindas, cascatas, céus epinícios, lagos de anil, mares de esmeraldas, nessas paisagens mais belas da terra, as suas servências mais majestosas, e se houvesse de* motu proprio *atirado às* banquises *do polo e se deixasse mergulhar na sua noite imensa que, para o meu caso, era infinita.*

*Quase me arrependia de não ter querido ser como os outros.*[14]

---

[12] *Diário íntimo*, 16 de julho de 1908 e 5 de setembro de 1917.

[13] *O cemitério dos vivos*, 1920.

[14] *O cemitério dos vivos*, 1920.

REFERÊNCIAS

1
João Henriques de Lima Barreto (1853-1922), o pai do escritor, correligionário e compadre do Visconde de Ouro Preto, padrinho de Lima Barreto, era tipógrafo e traduziu para o português o *Manual do aprendiz compositor*, de Jules Claye (1888). O irmão C. é Carlindo Lima Barreto, que desde a morte da mãe, Amália Augusta, em dezembro de 1887, alternava a vida solta nas ruas com ocupações ocasionais, para ajudar em casa. Nomeado escriturário em 5 de março de 1890. Lima Barreto aposentou-se em 1919 sem concluir o sonho de escrever a *História da escravidão negra no Brasil*, aqui anunciada.

Domício da Gama (1862-1925) é o jornalista e escritor, autor dos contos reunidos em *Meia-tinta* (1891), que seguiu a carreira diplomática, chegando a embaixador do Brasil em Washington, em substituição a Joaquim Nabuco. Manuel de Oliveira Lima (1867-1928), crítico literário e também diplomata por várias vezes ministro brasileiro em diversas Legações do estrangeiro, tornou-se mais conhecido como historiador, sendo autor, entre outros, do clássico *D. João VI no Brasil* (1908). A colaboração de ambos na *Revista Brasileira*, aqui citada por Lima Barreto, refere-se à fase em que a revista foi dirigida por José Veríssimo, entre janeiro de 1895 e setembro de 1889.

3
Gregório [Porto da] Fonseca (1875-1934) foi militar, engenheiro e escritor, membro da Academia Brasileira de Letras, sendo autor de *Templos sem deuses* (1907) e do ensaio póstumo *Heroísmo e arte* (1936).

5
Pausílipo da Fonseca (1879-1929) foi jornalista e amigo pessoal de Lima Barreto, a quem convidou para participar da fundação do Partido Operário Independente em 1906, tendo ocupado, como jornalista, o cargo de diretor político do *Correio da Manhã* e a direção dos jornais anarquistas *Novo Rumo* e *A Greve*, além de

haver escrito a novela *A vitória da fome*, que publicou em folhetins no *Correio da Manhã* entre 17 de outubro e 8 de dezembro de 1911.

Antônio Noronha Santos (1883-1956) foi talvez o companheiro mais próximo de Lima Barreto, com o qual colaborou na organização da revista *Floreal* (1907) e depois escreveu o panfleto *O papão* (1909), que circulou durante a campanha civilista, além de ter sido redator da *Gazeta de Notícias* e mais tarde chefe de serviço na Biblioteca Pública e Arquivo do Estado do Rio de Janeiro.

## II

## O narrador

Eu tenho notado nas rodas que hei frequentado, exceto a do Alcides [Maia], uma nefasta influência dos portugueses. Não é o Eça, que inegavelmente quem fala português não o pode ignorar, são figuras subalternas: Fialho e menores.

Ajeita-se o modo de escrever deles, copiam-se-lhes os cacoetes, a estrutura da frase, não há entre eles um que conscienciosamente procure escrever como o seu meio o pede e o requer, pressentindo isso na tradição dos escritores passados, embora inferiores. É uma literatura de *concetti*, uma literatura de clube, imbecil, de palavrinhas, de coisinhas, não há neles um grande sopro humano, uma grandeza de análise, um vendaval de epopeia, o cicio lírico que há neles é mal encaminhado para a literatura estreitamente pessoal, no que de pessoal há de inferior e banal: amores ricos, mortes de parentes e coisas assim. A pouco e pouco, vou deixando de os frequentar, abomino-lhes a ignorância deles, a maldade intencional, a lassidão, a cobardia dos seus ataques.[15]

\* \* \*

Bem sabes o que é a dor de escrever. Essa tortura que o papel virgem põe n'alma de um escritor incipiente. É uma

---

[15] *Diário íntimo*, 1905, sem data.

angústia intraduzível, essa de que fico possuído à vista do material para escrita. As coisas vêm ao cérebro, vemo-las bem, arquitetamos a frase, e quando a tinta escreve pela pauta afora — oh! que dor! — não somos mais nós que escrevemos, é o Pelino Guedes.[16]

\* \* \*

*Despertei hoje cheio de um mal-estar que não sei donde me veio. Nada ocorreu que o determinasse. Ontem, vivi um dia igual a todos. Não tive nem mesmo uma questão com o coletor. Por que não estou satisfeito? Penso — não sei por que — que é este meu livro* [Recordações do escrivão Isaías Caminha] *que me está fazendo mal... E quem sabe se excitar recordações de sofrimentos, avivar as imagens de que nasceram não é fazer com que, obscura e confusamente, me venham as sensações dolorosas já semimortas? Talvez mesmo seja angústia de escritor, porque vivo cheio de dúvidas, e hesito de dia pra dia em continuar a escrevê-lo. Não é o seu valor literário que me preocupa; é a sua utilidade para o fim que almejo.*

*Quem sabe ele não me vai saindo um puro falatório?! Se me esforço por fazê-lo literário, é para que ele possa ser lido, pois quero falar das minhas dores e dos meus sofrimentos ao espírito geral e no seu interesse, com a linguagem acessível a ele. É este o meu propósito, o meu único propósito. Não nego que para isso tenha procurado modelos e normas. Procurei-os, confesso; e agora mesmo, ao alcance das mãos, tenho os autores que mais amo. Estão ali o* Crime e castigo *de Dostoiévski, um volume de contos de Voltaire,* Guerra e paz *de Tolstói, o* Rouge et noir *de Stendhal, a* Cousine Bette *de Balzac, a* Éducation sentimentale *de Flaubert, o* Antéchrist

---

[16] Carta a Mário Galvão, 16 de novembro de 1905.

de Renan, o Eça; na estante, sob as minhas vistas, tenho o Taine, o Bouglé, o Ribot e outros autores de literatura propriamente, ou não. Confesso que os leio, que os estudo, que procuro descobrir nos grandes romancistas o segredo de fazer. Mas, não é a ambição literária que me move o procurar esse dom misterioso para animar e fazer viver estas pálidas Recordações. Com elas, queria modificar a opinião dos meus concidadãos, obrigá-los a pensar de outro modo, a não se encherem de hostilidade e má vontade quando encontrarem na vida um rapaz como eu e com os desejos que tinha há dez anos passados. Tento mostrar que são legítimos e, se não merecedores de apoio, pelo menos dignos de indiferença.

De forma que não tenho por onde aferir se as minhas Recordações preenchem o fim a que as destino; se a minha inabilidade literária está prejudicando completamente o seu pensamento. Que tortura! E não é só isso: envergonho-me por esta ou aquela passagem em que me acho, em que me dispo em frente de desconhecidos, como uma mulher pública... Sofro assim de tantos modos, por causa desta obra, que julgo que esse mal-estar, com que às vezes acordo, vem dela, unicamente dela. Quero abandoná-la; mas não posso absolutamente. De manhã, ao almoço, na coletoria, na botica, jantando, banhando-me, só penso nela. À noite, quando todos em casa se vão recolhendo, insensivelmente aproximo-me da mesa e escrevo furiosamente.[17]

\* \* \*

Um escritor, um literato, apresenta ao público, ou dá publicidade a uma obra; até que ponto um crítico tem o direito de, a pretexto de crítica, injuriá-lo? Um crítico não tem absolutamente direito de injuriar o escritor a quem julgar.

---

[17] *Recordações do escrivão Isaías Caminha*, 1909.

Não se pode compreender no nosso tempo, em que as coisas do pensamento são mostradas como as mais meritórias, que um cidadão mereça injúrias, só porque publicou um livro. Seja o livro bom ou mau. Os maus livros fazem os bons, e um crítico sagaz não deve ignorar tão fecundo princípio. Ao olhar do sábio, o vício e a virtude são uma mesma coisa, e ambos necessários à harmonia final da vida; ao olhar do filósofo, os bons e maus livros se completam e são indispensáveis à formação de uma literatura.[18]

\* \* \*

Não costumo discutir as críticas aos meus livros, nem devo. Mas permita, como todo o romancista que se preza, eu tenho amor e ódio pelos meus personagens.

Por isso eu pedia licença para protestar contra o qualificativo de velhaca que o senhor apôs à minha Edgarda. Eu não a quis assim. Ela é vítima de uma porção de influências sociais, de terrores em tradições familiares, quando aceita o casamento com o Numa. Depois... Nós, dada a fraqueza do nosso caráter, não podemos ter uma heroína de Ibsen e, se eu a fizesse assim, teria fugido daquilo que o senhor tanto gabou em mim: o senso da vida e da realidade circundante.[19]

\* \* \*

Aflar — ação do vento contra as folhas — José de Alencar. Palejar — empregado por esse mesmo escritor no sentido da luz a lançar reflexos ou ondulações, tornando uma fronte pálida. Exale, adjetivo, do mesmo autor. Gárceo — de garça, à laia de garça — perfil gárceo — José de Alencar. Elance —

---

[18] *Diário íntimo*, 1904, sem data.
[19] Carta a João Ribeiro, 3 de junho de 1917.

eflúvio — elance de ternura. Rubescência — gradação da cor que se vai ascendendo às faces até chegar rubor.[20]

\* \* \*

É incrível a ignorância dos nossos literatos; a pretensão que eles possuem não é secundada por um grande esforço de estudos e reflexão. Presumidos de saber todas as literaturas, de conhecê-las a fundo, têm repetido ultimamente as maiores sandices sobre Górki, que anda encarcerado na Rússia, por motivo dos levantes populares lá havidos.

Há dias, conversando com o [Bastos] Tigre, ele me disse que esse Górki nada valia — escrevera uns contos, coisas de fancaria socialística. É incrível, mas é verdade.[21]

\* \* \*

Comparar a maneira com que Debret pintou os negros e os brancos. O ponto de verdade dos dois... [22]

\* \* \*

Crisólito — Crisoberilo — Crisópraso.[23]

\* \* \*

Pombos, quando sai o enterro de Ismênia, voam.[24]

---

[20] *Diário íntimo*, 12 de junho de 1903.
[21] *Diário íntimo*, 1905, sem data.
[22] *Diário íntimo*, 1905, sem data.
[23] *Diário íntimo*, 1905, sem data.
[24] *Diário íntimo*, 1910, sem data.

* * *

O *caixão* [de Ismênia] *foi afinal amarrado fortemente no carro mortuário, cujos cavalos, ruços, cobertos com uma rede preta, escarvavam o chão cheios de impaciência. Aqueles que iam acompanhar até ao cemitério, procuravam os seus carros. Embarcaram todos, e o enterro rodou. A esse tempo, na vizinhança, alguns pombos imaculadamente brancos, as aves de Vênus, ergueram o voo, ruflando estrepitosamente; deram volta por cima do coche e tornaram logo silenciosos, quase sem bater asas, para o pombal que se ocultava nos quintais burgueses...*[25]

* * *

Não tenho editor, não tenho jornais, não tenho nada. O maior desalento me invade. Tenho sinistros pensamentos. Despeço-me de um por um dos meus sonhos.[26]

* * *

Quando estou muito aborrecido, mando o meu irmão comprar livros e devoro-os. Comprei cinco volumes do Maupassant, Taine, *Yvette* e outros; comprei o Oliveira Lima, *Dom João VI*. É uma história laboriosa, minuciosa, em que falta nervo, pitoresco, sentimento do tempo, mais diplomática que outra coisa, embora se fale muito mal dos diplomatas. O Congresso de Viena, as intrigas do Rio da Prata e o famoso Palmela ocupam um grande lugar. Comprei também quatro volumes de história do Albert Malet, compêndios de liceu, mas muito interessantes e profusamente ilustrados.

---

[25] *Triste fim de Policarpo Quaresma*, 1911.

[26] *Diário íntimo*, 20 de abril de 1914.

Nestes dias em que tenho me metido em casa, aumentei a minha biblioteca de cerca de trinta volumes. O problema agora é comprar mais uma estante. O sujeito quer 14$000 e só estou disposto a dar 12. É uma outra cogitação.[27]

\* \* \*

... pôr mão no sagrado das vontades e dos corações — Castelo Branco, *Paço de Ninães*.
Vezar-se. Vezou-se a luzir. *Idem*. Resquícios (da almofada) — restos ou frestas.
... abra em páginas. Castelo Branco.[28]

\* \* \*

"La muse, si revêche qu'elle soit, donne moins de chagrins que la femme. Je ne peux accorder l'une avec l'autre." *Flaubert a George Sand*.[29]

\* \* \*

Discussões literárias.
Estilo.
Gramática.
Critério [?] filosofia.
Dissonância do desespero.
Consultar a toda hora o dicionário. Livros empregados.[30]

---

[27] Carta a Antonio Noronha Santos, 19 de janeiro de 1911.

[28] *Diário íntimo*, 1904, sem data.

[29] *Diário íntimo*, 1904, sem data.

[30] *Diário íntimo*, 1910, sem data.

* * *

Sobre literatura em geral, ler Brunetière, *Revue des Deux Mondes*, janeiro e fevereiro de 1892.
Nietszche: *Revue des Deux Mondes*, setembro a outubro de 1892.
Pascal: *Revue des Deux Mondes*, 15 de agosto de 1879, Brunetière.[31]

* * *

Há meses inaugurou-se a iluminação elétrica em uma qualquer cidade. Para evitar desastres pessoais, o chefe da usina mandou pôr o seguinte aviso junto aos dínamos de alta voltagem, os transformadores etc.:
"Perigo! Quem tocar nestes fios cairá fulminado. Pena de prisão e multa para os contraventores."
Fazer um conto. Pelino, quando vê um sujeito ser fulminado pelo fio elétrico...[32]

* * *

"Un écrivain ne doit songer, quand il écrit, ni à ses maîtres, ni même à son style. S'il voit, s'il sent, il dira quelque chose; cela sera intéressant ou non, beau ou médiocre, chance à courir." Remy de Gourmont, *Le problème du style*.[33]

* * *

---

[31] *Diário íntimo*, 1910, sem data.
[32] *Diário íntimo*, março de 1915.
[33] *Diário íntimo*, 1917, sem data.

Voltei para o pátio. Que coisa, meu Deus! Eu estava ali que nem um peru, no meio de muitos outros, pastoreado por um bom português, que tinha um ar rude, mas doce e compassivo, de camponês transmontano. Ele já me conhecia da outra vez. Chamava-me você e me deu cigarros. Da outra vez, fui para a casa-forte e ele me fez baldear a varanda, lavar o banheiro, onde me deu um excelente banho de ducha de chicote. Todos nós estávamos nus, as portas abertas, e eu tive muito pudor. Eu me lembrei do banho de vapor de Dostoiévski, na *Casa dos mortos*. Quando baldeei, chorei; mas lembrei de Cervantes, do próprio Dostoiévski, que pior deviam ter sofrido em Argel e na Sibéria.

Ah! A literatura ou me mata ou me dá o que eu peço dela.[34]

\* \* \*

Parece-me que o nosso dever de escritores sinceros e honestos é deixar de lado todas as velhas regras, toda a disciplina exterior dos gêneros e aproveitar de cada um deles o que puder e procurar, conforme a inspiração própria, para tentar reformar certas usanças, sugerir dúvidas, levantar julgamentos adormecidos, difundir as nossas grandes e altas emoções em face do mundo e do sofrimento dos homens, para soldar, ligar a humanidade em uma maior, em que caibam todas, pela revelação das almas individuais e do que elas têm de comum e dependente entre si.[35]

\* \* \*

---

[34] "Diário do hospício" (1919-20), em *O cemitério dos vivos*, 1956.
[35] Do prefácio "Amplius!", em *Histórias e sonhos*, 1920.

Gostei que o senhor me separasse de Machado de Assis. Não lhe negando os méritos de grande escritor, sempre achei no Machado muita secura de alma, muita falta de simpatia, falta de entusiasmos generosos, uma porção de sestros pueris. Jamais o imitei e jamais me inspirou. Que me falem de Maupassant, de Dickens, de Swift, de Balzac, de Daudet — vá lá; mas Machado, nunca! Até em Turguêniev, em Tolstói podem ir buscar os meus modelos; mas, em Machado, não! "Le moi"...

Machado escrevia com medo do Castilho e escondendo o que sentia, para não se rebaixar; eu não tenho medo da palmatória do Feliciano e escrevo com muito temor de não dizer tudo o que quero e sinto, sem calcular se me rebaixo ou se me exalto.[36]

\* \* \*

*A sua academia de letras é muito conhecida na rua principal da cidade, e os literatos da ilha brigam e guerreiam-se cruamente, para ocuparem um lugar nela. A pensão que recebem é módica, cerca de cinco patacas por mês, na nossa moeda; eles, porém, disputam o* fauteuil *acadêmico por todos os processos imagináveis. Um destes é o empenho, o nosso "pistolão", que procuram obter de quaisquer mãos, sejam estas de amigos, de parentes, das mulheres, dos credores ou, mesmo, das amantes dos acadêmicos que devem escolher o novo confrade.*

*Há de parecer que, por tão pouco, não valia a pena disputar acirradamente, como fazem, tais posições. É um engano. O sujeito que é acadêmico tem facilidade em arranjar bons empregos na diplomacia, na alta administração; e a grande burguesia da terra, burguesia de acumuladores de*

---

[36] Carta a Austregésilo de Ataíde, 19 de janeiro de 1921.

*empregos, de políticos de honestidade suspeita, de leguleios afreguesados, de médicos milagrosos ou de ricos desavergonhados, cujas riquezas foram feitas à sombra de iníquas e ladroadas leis — essa burguesia, continuando, tem em grande conta o título de membro da academia, como todo outro qualquer, e o acadêmico pode bem arranjar um casamento rico ou coisa equivalente.*

*Lá a literatura não é uma atividade intelectual imposta ao indivíduo, determinada nele, por uma maneira muito sua e própria do seu feitio mental; para os javaneses, é, nada mais, nada menos, que um jogo de prendas, uma sorte de sala, podendo esta ser cara ou barata.*[37]

REFERÊNCIAS

15
Alcides [Castilho] Maia (1878-1944), gaúcho de São Gabriel, abandonou a Faculdade de Direito em São Paulo para dedicar-se às letras e ao jornalismo, que exerceu entre o Rio de Janeiro e Porto Alegre. Membro do Partido Republicano, representou o Rio Grande do Sul na Câmara dos Deputados entre 1918 e 1921, depois de haver ingressado, em 1914, na Academia Brasileira de Letras. É autor de *Através da imprensa* (1900) e do ensaio *Machado de Assis: algumas notas sobre o humor* (1912).

16
Pelino [Joaquim da Costa] Guedes (1858-1919), aqui citado por Lima Barreto, é o autor de *Sombras: poesias líricas* (1877). Foi seu contemporâneo e diretor-geral da Diretoria da Justiça no Rio de Janeiro, além de escritor fracassado e burocrata incansável, com quem o Lima se desentendeu durante as providências para a regu-

---

[37] Do conto "Harakashy e as escolas de Java", *Histórias e sonhos*, 1920.

larização da aposentadoria de seu pai, João Henriques, segundo o romancista tratadas com bastante desleixo e má vontade. A resposta foi a conversão de Pelino Guedes numa espécie de símbolo da intolerância e da gramatiquice prepotente, que lhe renderam dois conhecidos personagens: o Xisto Beldroegas, do romance *Gonzaga de Sá*, e o ministro J. F. Brochado, de *Numa e a ninfa*.

Mário Galvão (1882-1930), jornalista paranaense radicado no Rio de Janeiro, foi colega e amigo de Lima Barreto desde os tempos em que ambos frequentaram o Colégio Paula Freitas; foi também repórter do *Diário do Comércio* e um dos fundadores da Associação Brasileira de Imprensa em 1908.

17
Nesta observação da personagem Isaías Caminha sobre o projeto de escrever suas *Recordações* acham-se algumas das mais significativas confissões de influência literária reconhecidas por Lima Barreto; no *Crime e castigo* (1866), de Fiódor Dostoiévski (1821-1891), travou os primeiros contatos com a reflexão meticulosa acerca do sofrimento e da miséria humana; dos relatos breves de Voltaire, pseudônimo de François-Marie Arouet (1694-1778), guardou forte impressão dos temas sardônicos que emanavam de textos como *Zadig*, "O filósofo ignorante", "Carta de um turco", "O carregador zarolho", que repercutiram muito no seu próprio lema do *ridendo castigat mores*; Lev Tolstói (1828-1910) deixou-lhe marcas decisivas na revolta contra a hipocrisia das convenções sociais que se desenvolve em *Guerra e paz* (1865-69), e particularmente pela sugestão à resistência militante do anarquismo; Stendhal, pseudônimo de Henry-Marie Beyle (1783-1842), pode ter-lhe fecundado a percepção de análise no enfoque do isolamento do herói, em aberto confronto com a sociedade, cujos lineamentos, no *Le rouge et le noir* (1830), Lima Barreto tenta esboçar nas *Recordações de Isaías Caminha* e no *Policarpo Quaresma*; Gustave Flaubert (1821-1880), com impassibilidade sensível e a vocação para o fracasso do personagem Frédéric Moreau, em *L'Éducation sentimentale* (1869), parece ter inspirado o próprio desencanto na sensibilidade frustrada dos protagonistas e da personalidade literária do autor Lima Barreto. Mais distantes, *La cousine Bette* (1846), de Honoré de Balzac (1799-1850), e *L'Antéchrist* (1873), de Ernest

Renan (1823-1892), podem ter repercutido no universo imaginário de Lima Barreto, a primeira através dos efeitos que lhe permitiriam aprofundar a consciência da força do dinheiro como instrumento de transformação da ambição humana na expressão dos conflitos sociais; e o segundo pela exposição mordaz da aversão aos dogmas teológicos, racionalmente exprimidos com força anticlerical articulada.

Dos outros autores citados, Lima Barreto atribui a Eça de Queirós (1845-1900) as fontes que lhe permitiram formular o conceito de *literatura militante*; já em Hippolyte Taine (1828-1893), Célestin Bouglé (1870-1940) e Théodule Ribot (1839-1916), os esforços do jovem narrador parecem haver encontrado as direções básicas para compreender os liames entre a literatura, o meio e a sociedade como fatores articulados; além da tomada de consciência do peso determinante do solidarismo e da análise psicológica enquanto fatores significativos na expressão da obra literária do seu tempo.

19
Edgarda, referida aqui por Lima Barreto, é personagem do romance *Numa e a ninfa* (1915).

21
O pernambucano [Manuel] Bastos Tigre (1882-1957) foi bibliotecário, jornalista, poeta, ensaísta, romancista e compositor de sucesso; é autor, entre outros, de *Versos perversos* (1905), *O maxixe* (1906) e *A ceia dos coronéis* (1924). Amigo de mocidade de Lima Barreto por ocasião da campanha de fundação da Federação dos Estudantes (1901), Tigre foi depois responsável pelo seu ingresso como colaborador do jornal libertário *A Lanterna* (1901-1917).

Maksim Górki, pseudônimo de Alexei Maksimovich Pechkov (1868-1936), foi o primeiro presidente da Associação dos Escritores Soviéticos e autor, entre outras obras, de *Pequenos-burgueses* (1901), *A mãe* (1906-7) e *Ganhando meu pão* (1915). A admiração de Lima Barreto por Górki decorreu sobretudo da forte impressão que lhe causou a atmosfera opressiva e angustiante com que o autor russo registrou o cotidiano difícil dos trabalhadores.

22

Lima Barreto se interessa nesta entrada de seu diário pelos trabalhos de Jean-Baptiste Debret (1768-1848), pintor e desenhista francês que integrou a Missão Francesa que veio ao Brasil em 1816, de cujo programa de investigação e pesquisa resultou uma academia de artes e ofícios, depois transformada na Academia Imperial de Belas Artes, na qual Debret foi professor. Os materiais que Lima Barreto se propõe estudar aparecem em grande parte no volume *Viagem pitoresca e histórica ao Brasil*, publicado na França em 1831, em cujas páginas Debret documenta cenas e aspectos da natureza e do homem brasileiro do século XIX.

23

A anotação sumária revela a atração do jovem narrador pela "aparência" e o mistério das palavras raras de domínio exclusivo das ciências ou do conhecimento esotérico, no caso possivelmente uma prelibação acerca de temas ou enredos, de que o *Diário íntimo* é um rico manancial. Essa fixação pelas metamorfoses da cor ou mesmo da luminosidade do ouro ante o fascínio que provoca no coração dos homens (é célebre o episódio do químico Raimundo Flamel no conto "A nova Califórnia") de algum modo reflete o interesse do autor pelo mistério contido em termos estranhos como *crisólito* (a pedra preciosa da cor do ouro), *crisoberilo* (o mineral semiprecioso) e *crisópraso* (o tom verde-claro da transparência microcristalina na argila calcedônia).

24

Tipo emblemático no rol das personagens femininas de Lima Barreto, Ismênia é a noiva mal amada do velhaco Cavalcanti, no romance *Triste fim de Policarpo Quaresma*. Ignorada em seus sentimentos mais puros, e não desconfiando jamais do desinteresse do noivo em tê-la como esposa, não sobrevive ao abandono e acaba morrendo de desgosto, em cena já prefigurada aqui, nesta entrada do *Diário íntimo*, onde o jovem Lima Barreto esboça o triste episódio do enterro para uma tarde vazia de céu escuro, cujo silêncio lutuoso só é interrompido pelo ruído dos pombos sobrevoando a saída do caixão.

27

Lima Barreto refere-se aqui a *Yvette*, novela de Guy de Maupassant (1850-1893), que saiu em folhetins no jornal *Figaro*, de Paris, entre 29 de agosto e 9 de setembro de 1884, em cujo tema se revelam as peripécias da protagonista, a condessa de Samoris, pelo universo das cortesãs.

Albert Malet (1864-1915), historiador católico, patriota e republicano, professor do Liceu Voltaire em 1897, foi um dos membros fundadores da Sociedade de História da Revolução em 1904 e colaborou para a monumental *História Geral* editada por Ernest Lavisse (1842-1922). Foi certamente através dele que Lima Barreto entrou em contato com muitas das bases históricas decisivas à compreensão da Europa moderna que ele procurou discutir sobretudo nos artigos que escrevia para a imprensa.

28

O jovem Lima Barreto reporta-se a expressões e soluções estilísticas que o impressionaram na escrita de Camilo Castelo Branco (1825-1890), mais particularmente no romance histórico *O senhor do paço de Ninães* (1867), no qual, dialogando com o argumento de *Eurico, o presbítero* (1844), de Alexandre Herculano (1810-1877), Camilo põe em cena o heroísmo febricitante de Ruy Gomes de Azevedo, que, em razão de um amor fracassado, decide acompanhar Dom Sebastião na batalha de Alcácer Quibir, de cujo desastre se salva, para voltar a Portugal e viver espiritualmente dilacerado o resto de seus dias, sem contudo perder a esperança no soerguimento futuro de sua pátria.

29

Nesta notação do *Diário*, Lima Barreto reproduz uma passagem da correspondência que Flaubert e George Sand, pseudônimo literário de Aurore Dupin (1804-1876) e autora de livros como *Valentine* (1833), *François de Champi* (1848) e *Histoire de ma vie* (1854-55), mantiveram entre 1866 e 1876. Só quatro anos após a morte de Flaubert em 1880, no entanto, é que Maupassant, um de seus discípulos diletos, decidiu publicá-la.

33
Lima Barreto revela também um interesse concreto pelas especulações estético-literárias de Remy de Gourmont (1858-1915), conhecido bibliófilo e escritor francês, que discute, no *Le problème du style* (1902), aqui citado, as condições sob as quais se forma e desenvolve o talento literário, tomando por base a oposição entre a escola clássica e o ideário artístico do chamado estilo moderno.

36
Aqui a observação sobre Guy de Maupassant se enriquece com referências à obra de Charles Dickens (1812-1870), que afinou — por dizer assim — a nota inventiva inspirada nos motivos da crítica social; mas também o espírito narrativo com que Jonathan Swift (1667-1745) acelera a sátira política, tão ao gosto do Lima Barreto dos *Bruzundangas*, por exemplo; a exploração do perfil egocêntrico na figuração quixotesca com que Alphonse Daudet (1840-1899) move alguns de seus heróis, como o Tartarin de Tarascon, com ressonâncias ainda que distantes no corte tipológico do major Quaresma, em Lima Barreto; e, a partir de Ivan Turguêniev (1818-1883), a expansão do confronto entre o espírito aristocrático das elites rurais e a sabedoria do trabalhador da terra.

Lima Barreto se refere mais de uma vez à palmatória de [Antônio Feliciano de] Castilho (1800-1875), poeta, tradutor e escritor português, fundador da célebre *Revista Universal Lisbonense*, em 1841, e depois criador do Método Português de Leitura Repentina, com o qual pretendeu combater o analfabetismo que então grassava em Portugal; é também autor de *Cartas de Eco e de Narciso* (1821) e de *A primavera* (1822), entre outras obras. A birra de Lima Barreto com os gramáticos e as "escoras sabichonas" do vernáculo, disseminada pelos seus relatos, inspirou-se em grande parte nessa submissão ortodoxa de que a figura de Castilho acabou virando símbolo.

O destinatário da carta é o escritor pernambucano [Belarmino Maria] Austregésilo [Augusto] de Athayde (1898-1993), contemporâneo de Lima Barreto na imprensa carioca e autor, entre outras obras, de *A influência espiritual americana* (1938), *Vana verba* (1966) e *Conversas na barbearia Sol* (1971). Foi presidente da Academia Brasileira de Letras de 1958 até sua morte.

## III

## Persona e personagens

Z, com o seu talento e a sua filantropia, ganhara uma fortuna. O que lhe valera dar grande expansão ao seu amor ao luxo e às satisfações de uma natureza exigente. Não havia quem como ele amasse as roupas bem cortadas, os sapatos caros, a roupa branca fina. O seu amor à mesa, às iguarias era uma paixão. Parecia que Z verificava o aforismo de Brillat-Savarin: os animais nutrem-se; o homem come; só o homem de espírito sabe comer.

Entretanto Z com essa natureza exigente sonhava o martírio social. Batia-se pelas reformas, idealizava perseguições, criava falanstérios. Em rodas de amigos só falava no grande problema, na questão máxima; no sofrimento das classes pobres; e, pela sobremesa, contaram-me, depois de farto jantar em viandas e vinhos, roía um pedaço de pão velho para, afirmava, nunca se esquecer dos que passam e curtem fome.[38]

\* \* \*

*Ah! Seria doutor! Resgataria o pecado original do meu nascimento humilde, amaciaria o suplício premente, cruciante e onímodo de minha cor... Nas dobras do pergaminho da carta, traria presa a consideração de toda a gente. Seguro do*

---

[38] Da crônica "Casos de bovarismo" (1904), em *Bagatelas*, 1923.

*respeito à minha majestade de homem, andaria com ela mais firme pela vida em fora. Não titubearia, não hesitaria, livremente poderia falar, dizer bem alto os pensamentos que se estorciam no meu cérebro.*

*Oh! Ser formado, de anel no dedo, sobrecasaca e cartola, inflado e grosso, como um sapo-intanha antes de ferir a martelada à beira do brejo; andar assim pelas ruas, pelas praças, pelas estradas, pelas salas, recebendo cumprimentos: Doutor, como passou? Como está, doutor? Era sobre-humano!...*[39]

\* \* \*

N'O Globo, *as coisas corriam assim. O secretário recebia o volume e dava-o ao Floc* [o crítico literário do jornal]. *"Quimera, romance, Abílio Gonçalves", lia Floc alto; e logo perguntava:*

— *Quem é este Abílio Gonçalves?*

— *Não conheces? É filho do senador Gonçalves, de São Paulo.*

*Floc olhava outra vez o livro e voltava:*

— *É formado?*

— *É* — *retorquia Leporace* —, *é engenheiro de minas.*

— *Hum!* — *fazia Floc com segurança, mudando a primitiva antipatia que se lia na contração dos lábios, para um breve sorrir de benevolência. No dia consagrado, o folhetim aparecia cheio de blandícias, de elogios, fosse o livro bom ou mau, fosse o pai senador da oposição ou do governo.*

*Houve uma ocasião em que Floc, para mais erguer o filhote criticado, forjou um elogio de um autor francês, como tendo sido feito a um livro que aparecera há duas semanas no Rio de Janeiro.*

---

[39] *Recordações do escrivão Isaías Caminha*, 1909.

Se o *nome do autor era obscuro, se as informações colhidas não lhe davam de pronto um estado civil decente, Floc adiava a notícia e esperava que os grandes nomes da crítica se pronunciassem. Se eram favoráveis ao livro, ele repetia os elogios, ampliava as observações; se eram desfavoráveis, o elegante e viçoso crítico dava curso à sua natural hostilidade aos nomes novos que não surgiam nos jornais. Havia, porém, uma casta de autores que ele sempre elogiava; eram os diplomatas. Um destes senhores publicou certa vez uma compilação de naturalistas e de receitas agrícolas, com fingimentos de Maeterlinck, sobre as frutas nacionais. Floc não se conteve: desandou um folhetim inteiro sobre o volume, elogiando a sua virtuosidade artística, o seu estilo límpido e sereno, só porque o primeiro secretário da legação de Caracas dissera que o mamão era terno e resignado.*[40]

\* \* \*

— Doutor Lobo, *como é certo: um copo d'água ou um copo com água?*

*O gramático descansou a pena, tirou o* pince-nez *de aro de ouro, cruzou os braços em cima da mesa e disse com pachorra e solenidade:*

*— Conforme: se se tratar de um copo cheio, é um copo d'água; se não estiver perfeitamente cheio, um copo com água. — Explanou exemplos, mas não pôde levá-los à dezena, pois alguém apontou na porta* [...][41]

\* \* \*

---

[40] Recordações do escrivão Isaías Caminha, 1909.

[41] Recordações do escrivão Isaías Caminha, 1909.

Persona e personagens 43

Capitão Pelino, mestre-escola e redator da Gazeta de Tubiacanga, órgão local e filiado ao partido situacionista, embirrava com o sábio. "Vocês hão de ver, dizia ele, quem é esse tipo... Um caloteiro, um aventureiro ou talvez um ladrão fugido do Rio."

A sua opinião em nada se baseava, ou antes, baseava-se no seu oculto despeito vendo na terra um rival para a fama de sábio de que gozava. Não que Pelino fosse químico, longe disso; mas era sábio, era gramático. Ninguém escrevia em Tubiacanga que não levasse bordoada do Capitão Pelino, e mesmo quando se falava em algum homem notável lá no Rio, ele não deixava de dizer: "Não há dúvida! O homem tem talento, mas escreve: 'um outro', 'de resto'...". E contraía os lábios como se tivesse engolido alguma coisa amarga.

Toda a vila de Tubiacanga acostumou-se a respeitar o solene Pelino, que corrigia e emendava as maiores glórias nacionais. Um sábio...

Ao entardecer, depois de ler um pouco o Sotero, o Cândido de Figueiredo ou o Castro Lopes e de ter passado mais uma vez a tintura nos cabelos, o velho mestre-escola saía vagarosamente de casa, muito abotoado no seu paletó de brim mineiro, e encaminhava-se para a botica do Bastos a dar dois dedos de prosa. Conversar é um modo de dizer, porque era Pelino avaro de palavras, limitando-se tão somente a ouvir. Quando, porém, dos lábios de alguém escapava a menor incorreção de linguagem, intervinha e emendava. "Eu asseguro", dizia o agente do Correio, "que..." Por aí, o mestre-escola intervinha com mansuetude evangélica: "Não diga asseguro, senhor Bernardes; em português é garanto".[42]

\* \* \*

---

[42] Do conto "A nova Califórnia", 1910.

*Imagina tu que eu até aí nada sabia de javanês, mas estava empregado e iria representar o Brasil em um congresso de sábios.*

*Pus-me com afã no estudo das línguas malaio-polinésias; mas não havia meio! Bem jantado, bem-vestido, bem dormido, não tinha energia necessária para fazer entrar na cachola aquelas coisas esquisitas. Comprei livros, assinei revistas:* Revue Anthropologique et Linguistique, Proceedings of the English-Oceanic Association, Archivio Glottologico Italiano, *o diabo, mas nada! E a minha fama crescia. Na rua, os informados apontavam-me, dizendo aos outros: "Lá vai o sujeito que sabe javanês". Nas livrarias, os gramáticos consultavam-me sobre a colocação dos pronomes no tal jargão das ilhas de Sonda. Recebia cartas de eruditos do interior, os jornais citavam o meu saber e recusei aceitar uma turma de alunos sequiosos de entenderem o tal javanês. A convite da redação, escrevi, no* Jornal do Comércio, *um artigo de quatro colunas sobre a literatura javanesa antiga e moderna...*

— *Como, se nada sabias?* — *interrompeu-me o atento Castro.*

— *Muito simplesmente: primeiramente, descrevi a ilha de Java, com o auxílio de dicionários e umas poucas de geografias, e depois citei a mais não poder.*

— *E nunca duvidaram?* — *perguntou-me ainda o meu amigo.*

— *Nunca. Isto é, uma vez quase fico perdido. A polícia prendeu um sujeito, um marujo, um tipo bronzeado que só falava uma língua esquisita. Chamaram diversos intérpretes, ninguém o entendia. Fui também chamado, com todos os respeitos que a minha sabedoria merecia, naturalmente. Demorei-me em ir, mas fui afinal. O homem já estava solto, graças à intervenção do cônsul holandês, a quem ele se fez compreender com meia dúzia de palavras holandesas. E o tal marujo era javanês — uf!*[43]

\* \* \*

*Entre as revelações parlamentares que surgiam no momento, uma causou espanto. Era quase desconhecida da Câmara e completamente do público, a existência do deputado Numa Pompílio de Castro.*

*Apesar de nome tão auspicioso para o ofício de legislador, os próprios contínuos não lhe guardaram com facilidade nem o nome nem os traços fisionômicos. Durante muito tempo, chamaram-no Nuno; e, nos primeiros meses de seu mandato, frequentemente impediram-lhe a entrada em certas dependências, a menos que o fizesse pela porta por onde penetrara na véspera.*

*Reconhecido e empossado, não deu sinal de si durante o primeiro ano e meio de legislatura. Passou todos esses longos meses a dormitar na sua bancada, pouco conversando, enigmático, votando automaticamente com o leader e designado pelos informados como — "o genro do Cogominho". Era o deputado ideal; já se sabia de antemão a sua opinião, o seu voto, e a sua presença nas sessões era fatal. Se na passagem de algum projeto, anteviam dificuldades na obtenção da maioria, contavam logo com o voto do "genro do Cogominho". Ele vota conosco, diziam os cabalistas, a questão é saber que o Bastos quer e o leader manda.*

*A sua colaboração, por esse tempo, para a felicidade nacional, se não foi fecunda, foi das mais tácitas de que se há notícia.*[44]

---

[43] Do conto "O homem que sabia javanês", 1911.

[44] *Numa e a ninfa*, 1915.

*  *  *

*Policarpo Quaresma, cidadão brasileiro, funcionário público, certo de que a língua portuguesa é emprestada ao Brasil; certo também de que, por esse fato, o falar e o escrever em geral, sobretudo no campo das letras, se veem na humilhante contingência de sofrer continuamente censuras ásperas dos proprietários da língua; sabendo, além, que, dentro do nosso país, os autores e os escritores, com especialidade os gramáticos, não se entendem no tocante à correção gramatical, vendo-se, diariamente, surgir azedas polêmicas entre os mais profundos estudiosos do nosso idioma — usando do direito que lhe confere a Constituição, vem pedir que o Congresso Nacional decrete o tupi-guarani, como língua oficial e nacional do povo brasileiro.*

*O suplicante, deixando de parte os argumentos históricos que militam em favor de sua ideia, pede vênia para lembrar que a língua é a mais alta manifestação da inteligência de um povo, é a sua criação mais viva e original; e, portanto, a emancipação politica do país requer como complemento e consequência a sua emancipação idiomática.*

*Demais, Senhores Congressistas, o tupi-guarani, língua originalíssima, aglutinante, é verdade, mas a que o polissintetismo dá múltiplas feições de riqueza, é a única capaz de traduzir as nossas belezas, de pôr-nos em relação com a nossa natureza e adaptar-se perfeitamente aos nossos órgãos vocais e cerebrais, por ser criação de povos que aqui viveram e ainda vivem, portanto, possuidores da organização fisiológica e psicológica para que tendemos, evitando-se dessa forma as estéreis controvérsias gramaticais, oriundas de uma difícil adaptação de uma língua de outra região à nossa organização cerebral e ao nosso aparelho vocal — controvérsias que tanto empecem o progresso da nossa cultura literária, científica e filosófica.*

*Seguro de que a sabedoria dos legisladores saberá encontrar meios para realizar semelhante medida e cônscio de que a Câmara e o Senado pesarão o seu alcance e utilidade P. e E. deferimento.*[45]

\* \* \*

*A lição* [de violão] *durou uns cinquenta minutos. O major sentiu-se cansado e pediu que o mestre* [Ricardo Coração dos Outros] *cantasse. Era a primeira vez que Quaresma lhe fazia esse pedido; embora lisonjeado, quis a vaidade profissional que ele, a princípio, se negasse.*
— *Oh! Não tenho nada novo, uma composição minha.*
*Dona Adelaide obtemperou então:*
— *Cante uma de outro.*
— *Oh! Por Deus, minha senhora! Eu só canto as minhas. O Bilac — conhecem?* — *quis fazer-me uma modinha, eu não aceitei; você não entende de violão, "seu" Bilac. A questão não está em escrever uns versos certos que digam coisas bonitas; o essencial é achar-se as palavras que o violão pede e deseja.*[46]

\* \* \*

[O gramático] *Lobo enlouquecera e estava recolhido ao hospício. A sua mania era não falar nem ouvir. Tapava os ouvidos e mantinha-se calado semanas inteiras, pedindo tudo por acenos. Ao médico que lhe perguntou por que assim procedia, explicou, a muito custo:*
— *Isto não é língua... Não a posso ouvir... Tudo errado... Que vai ser disto!*

---

[45] *Triste fim de Policarpo Quaresma*, 1911.
[46] *Triste fim de Policarpo Quaresma*, 1911.

— E por que não fala?

— Os erros são tantos, e estão em tantas bocas, que temo que eles me tenham invadido e eu fale esse calão indecente...

E vivia calado pelos corredores, lendo a Ensinança de bem cavalgar de El-Rey Dom Duarte. Às vezes, entusiasmava e lia alto: "Ca som alguus boos caualgadores dhuãs sellas queo nom son doutras".[47]

\* \* \*

Kotelniji era considerado como um grande poeta "samoieda" e tinha mesmo estabelecido com assentimento de todos eles, as leis científicas da escola perfeita, "a samoieda", que ele definia como tendo por escopo não exprimir coisa alguma com relação ao assunto visado, ou dizer sobre ele, pomposamente, as mais vulgares banalidades.

Dentre as leis que estatuía, eu me lembro de algumas. Ei-las:

1ª) sendo a poesia o meio de transportar o nosso espírito do real para o ideal, deve ela ter como principal função provocar o sono, estado sempre profícuo ao sonho;

2ª) a monotonia deve ser sempre procurada nas obras poéticas; no mundo, tudo é monótono (Tuque-Tuque);

3ª) a beleza de um trabalho poético não deve ressaltar desse próprio trabalho, independente de qualquer explicação; ela deve ser encontrada com as explicações ou comentários fornecidos pelo autor ou por seus íntimos;

4ª) a composição de um poema deve sempre ser regulada pela harmonia imitativa em geral e seus derivados.[48]

---

[47] Recordações do escrivão Isaías Caminha, 1909.

[48] Do capítulo especial "Os samoiedas" (1917), recolhido em Os Bruzundangas, 1923.

* * *

A sala principal da casa, da qual mestre Gonzaga de Sá fizera a sua de estudos, tinha o teto em tronco de pirâmide retangular e estucado, e as estantes, a não ser nos vãos das janelas e portas, eram pequenas, da altura do peitoril da janela, e guarneciam a sala em toda a extensão das quatro faces. Por cima delas, ao jeito de um longo consolo, havia bustos, quadrinhos e minerais insignificantes; e, nas paredes, além de dois ou três pequenos quadros a óleo, uma reprodução de Primavera de Boticelli e um Rouget de Lisle, cantando pelo primeira vez a Marselhesa. Havia também sobre a secretária um busto de Júlio César e, pregado à parede em que ele se encostava, bem alto, este verso do Inferno: "Amor, che a nullo amato amar perdona". Pairava por toda a sala o olhar transcendente de um mocho de bronze, empoleirado na "bandeira" da porta de entrada.[49]

* * *

[Gonzaga de Sá] iria subir, iria remontar os ares, transformar cordilheiras, alçar-se longe do solo, viver algum tempo quase fora da fatalidade da terra, inebriar-se de azul e de sonhos celestes, nas altas camadas rarefeitas...
A experiência seria de manhã e, à noite toda, não dormiu como se, no dia seguinte, fosse se encontrar com o amor que sonhou e, para realizá-lo agora, tinha aguardado muitos anos de angústia e de esperança.
Veio a aurora e ele a viu, pela primeira vez, com um interessado olhar de paixão e de encantamento. Deu a última

---

[49] *Vida e morte de M. J. Gonzaga de Sá*, 1919.

*demão, acionou manivelas, fez funcionar o motor, tomou o lugar próprio... Esperou... A máquina não subiu.* [50]

\* \* \*

No almoço se deu um caso que me fez passar mal o dia. Há aqui um louco que não parece ser profundamente alterado das faculdades mentais. É aleijado das pernas e chamam-no até Caranguejo, porque, aqui, como em todas as coleções de homens que vivem juntos, há o gosto pela alcunha depreciativa. Há o Gato, há o Teteia etc.

Há muito que um certo doente o perseguia com chufas e gestos. Hoje, no refeitório, ao receber um destes do seu perseguidor, o Caranguejo atirou-lhe uns copos na cara. Não pegou, mas ele, apesar de seu aleijão, saiu atrás do adversário, que se cobriu de pavor e tremia. O pobre do bom Caranguejo, com quem eu jogo bisca calmamente, teve um ataque de nervos, rasgou as vestes e, quase a chorar, dizia:

— Eu não sou nada! Nada! Ponha tudo isso fora!

Deram-lhe uma injeção e ele dormiu, não podendo ir jantar.[51]

\* \* \*

*Quinze namorados! Quinze! De que lhe serviram? Um levara-lhe beijos, outro abraços, outro uma e outra coisa; e sempre, esperando casar-se, isto é, libertar-se, ela ia languidamente, passivamente deixando. Passavam um, dois meses, e os namorados iam-se sem causa. Era feio, diziam; mas que*

---

[50] *Vida e morte de M. J. Gonzaga de Sá*, 1919.

[51] "Diário do hospício" (1919-20), em O *cemitério dos vivos*, 1956.

*fazer? A sua própria mãe não lhe aconselhava? Não lhe dizia: "Filha, anda com isso; preciso ver esta letra vencida?".*
[...]
*"O que é amar?", interrogava fremente. "Não é escrever cartas doces? Não é corresponder a olhares? Não é dar aos namorados as ameaças da sua carne e da sua volúpia? Se era isso, ela amara a todos, um a um; se não era, a nenhum amara..."*
*Ao lhe chegar essa interrogação metafísica, para o seu entendimento, ela se perdeu no próprio pensamento; as ideias se baralharam, turbaram-se; e, depois, fatigada, foi passando vagarosamente a mão esquerda pela testa, correu-a pacientemente pela cabeça toda até à nuca.*
*Por fim, como se fosse um suspiro, concluiu:*
*— Qual amor! Qual nada! A questão é casar e para casar, namorar aqui, ali, embora por um se seja furtada em beijos, por outro em abraços, por outro...*
*— Ó Lívia! Você hoje não pretende varrer a casa, rapariga! Que fazes há tanto tempo na janela?!*
*Obedecendo ao chamado de sua mãe, Lívia foi mais uma vez retomar a dura tarefa, da qual, ao seu julgar, só um casamento havia de livrá-la para sempre, eternamente...*[52]

\* \* \*

Julgando que a prosperidade do outro [jornal] era devida aos bonecos, Loberant [o diretor de O Globo] punha na sua folha bonecos. Parecendo-lhe que isso não era o bastante, forjava anúncios, "calhaus", calhaus de "precisa-se", de "aluga-se", de pequenos anúncios que, em abundância, parecem ser o índice de prosperidade de um jornal. Mas não contente com esses expedientes todos, um dia o doutor Lo-

---
[52] Do conto "Lívia", em *Histórias e sonhos*, 1920.

berant, supondo a popularidade do rival devida à falta de gramática nos artigos, chegou à redação furioso e, com o seu modo habitual, berrou:

— Não quero mais gramática, nem literatura aqui!... Nada! Nada! De lado essas porcarias todas... Coisa para o povo, é que eu quero!

O [gramático] Lobo, que estava na sala, teve em começo um grande olhar de tristeza com que envolveu toda a sala e a coleção de jornais dependurados pelas paredes. Depois de um momento de hesitação, tomou coragem e observou:

— Mas, doutor...

— Ora, Lobo! Já vem você...

— Mas, doutor, a língua é uma coisa sagrada. O culto da língua é um pouco o culto da pátria. Então o senhor quer que o seu jornal contribua para a corrupção deste lindo idioma de Barros e Vieira...

— Qual Barros, qual Vieira! Isto é brasileiro — coisa muito diversa!

— Brasileiro, doutor! — falou mansamente o gramático. — Isto que se fala aqui não é língua, não é nada: é um vazadouro de imundícies. Se Frei Luís de Sousa ressuscitasse, não reconheceria a sua bela língua nessa amálgama, nessa mistura diabólica de galicismos, africanismos, indianismos, anglicismos, cacofonias, cacotenias, hiatos, colisões... Um inferno! Ah, doutor! Não se esqueça disto: os romanos desapareceram, mas a sua língua ainda é estudada...[53]

---

[53] *Recordações do escrivão Isaías Caminha*, 1909.

# Referências

**38**
[Jean Anthelme] Brillat-Savarin (1755-1826), advogado e político conhecido por sua oposição combativa aos jacobinos durante a Revolução Francesa, que o obrigou a exilar-se na Suíça em 1792. Apesar de conseguir sobreviver como violinista e professor de francês em Nova York, Brillat-Savarin se notabilizaria sobretudo por suas habilidades como cozinheiro e autor do livro *Fisiologia do gosto* (1825), que o consagrou como o pai da dieta baixa em hidrocarbonetos. Deixou ainda várias outras obras, notadamente no campo do direito e da economia.

**39**
Um momento de sonhos da personagem Isaías Caminha, em solilóquio a caminho de casa, numa cena de *Recordações do escrivão Isaías Caminha*.

**40**
Nesta cena das *Recordações*, que se passa na redação de *O Globo*, o narrador descreve o método crítico de Floc, o crítico literário do jornal.

**41**
Um flagrante da "erudição" do Gramático Lobo, registrado pelo contínuo Isaías Caminha na redação do jornal *O Globo*, nas *Recordações do escrivão Isaías Caminha*.

**42**
Nesta passagem do conto "A nova Califórnia", Lima Barreto nos coloca diante de uma cena em que o capitão Pelino Guedes, já retratado nestas notas em apêndice, reaparece, agora convertido em personagem de ficção. No contexto do espírito farsesco com que busca retratar os excessos do bacharelismo pomposo do nosso culto à gramatica, Lima Barreto alinha aqui um registro saboroso, ao aludir com ironia à prepotência vernácula do capitão Pelino Guedes, sugerida pelo seu exagerado apego ao filologismo,

aqui representado nas figuras do professor e crítico [Francisco] Sotero [dos Reis] (1800-1871), renomado autor das *Postilas de gramática geral aplicada à língua portuguesa pela análise dos clássicos* (1862); do filólogo português [Antônio] Cândido de Figueiredo (1846-1925), autor do *Novo dicionário da língua portuguesa* (1899), reeditado até os dias de hoje; e do doutor [Antônio de] Castro Lopes (1827-1901), professor, gramático e teatrólogo, além de médico homeopata e autor dos célebres *Neologismos indispensáveis e barbarismos dispensáveis*, de 1889.

### 43
De um relato de Castelo, protagonista do conto "O homem que sabia javanês" (1911), ao amigo Castro.

### 44
Do narrador, sobre a atuação de Numa Pompílio de Castro, o protagonista de *Numa e a ninfa* (1915), no Congresso Nacional.

### 45
Requerimento enviado ao Congresso pelo major Quaresma, em *Triste fim de Policarpo Quaresma*.

### 46
Diálogo do violonista e cantor Ricardo Coração dos Outros com a irmã do major Quaresma, em *Triste fim de Policarpo Quaresma*.

### 47
Referência a El-Rey D. Duarte (1391-1438), filho de D. João I, o Mestre de Avis, a quem sucedeu em 1433. Conhecido como "o rei filósofo", deixou, entre outras obras, o *Leal conselheiro* e a *Ensinança de bem cavalgar toda sela*, aqui citada por Lima Barreto, ambas compostas entre 1437 e 1438.

### 49
Referência a [Claude Joseph] Rouget de Lisle (1760-1836), engenheiro e compositor da *Marselhesa*, que foi retratado cantando pela primeira vez o hino dos franceses na litografia estampada

por Wenzel de Vissembourg, celebrizada por decorar as paredes de todos os lares dos patriotas da França.

53
[João de] Barros (1496-1570), gramático, historiador e moralista conhecido como o Tito Lívio português, é autor da *Gramática da língua portuguesa com os mandamentos da Santa Madre Igreja*, bem como do *Diálogo da viciosa vergonha*, ambos de 1540, escritos com muito apuro e distinção estilística.

O padre [Antônio] Vieira (1608-1697), reconhecido como uma das chaves retóricas mais expressivas do século XVII português, integra essa alusão irônica de Lima Barreto ao tradicionalismo do vernáculo, em razão sobretudo do empenho estilístico de seus inúmeros *Sermões*.

O Frei Luís de Sousa, nome eclesiástico de Manuel Sousa Coutinho (1555-1632), que fecha a citação, foi cronista-mor da ordem dominicana, além de escritor e hagiógrafo igualmente notável pelo estilo elevado com que compunha as suas crônicas e monografias, entre as quais se destaca a *Vida de Don Frei Bartolomeu dos Mártires* (1619).

# IV

## Crítica e comentário

Aos camaradas do Esplendor dos Amanuenses, comunica Afonso Henriques de Lima Barreto, amanuense da Secretaria da Guerra, que vai arejar no Largo da Carioca, durante dois meses, para exercícios variados de artilharia... verbal, continuando, embora com árduos trabalhos, a tomar notas para o seu *Pequeno dicionário dos super-homens*, título esse que o Rivarol, lá do Inferno onde está, há de gostar muito.[54]

\* \* \*

Lendo há dias as *Memórias*, de Mme. d'Épinay, tive ocasião de mais uma vez constatar a floração de mulheres superiores naquele extraordinário século XVIII francês.

Não é preciso ir além dele para verificar a grande influência que a mulher francesa tem tido na marcha das ideias de sua pátria.

Basta-nos, para isso, aquele maravilhoso século, onde não só há aquelas que se citam a cada passo, como essa Mme. d'Épinay, amiga de Grimm, de Diderot, protetora de Rousseau, a quem alojou na famosa "Hermitage", para sempre célebre na história das letras; e Mme. du Deffant, que, se não me falha a memória, custeou a impressão do *Espírito das leis*.

---

[54] *Diário íntimo*, 1906, sem data.

Não são unicamente essas. Há mesmo um pululamento de mulheres superiores que influem, animam, encaminham homens superiores do seu tempo. A todo o momento, nas memórias, correspondências e confissões, são apontadas; elas se misturam nas intrigas literárias, seguem os debates filosóficos.

É uma Mme. de Houdetot; é uma Marechala de Luxemburgo; e até, no fundo da Saboia, na doce casa de campo do "Charmettes", há uma Mme. de Warens que recebe, educa e ama um pobre rapaz maltrapilho, de quem ela faz mais tarde Jean-Jacques Rousseau.

E foi por ler Mme. d'Épinay e recordar outras leituras, que me veio pensar nos calorosos elogios dos oradores de sobremesa à mulher brasileira. Onde é que se viram, no Brasil, essa influência, esse apoio, essa animação das mulheres aos homens superiores?

É raro; e todos que o foram, não tiveram com suas esposas, com suas irmãs, com suas mães, essa comunhão nas ideias e nos anseios, que tanto animam, que tantas vantagens trazem ao trabalho intelectual.

Por uma questão qualquer, Diderot escreve uma carta a Rousseau que o faz sofrer; e logo este se dirige a Mme. d'Épinay, dizendo: "Se eu vos pudesse ver um momento e chorar, como seria aliviado!". Onde é que se viu aqui esse amparo, esse domínio, esse ascendente de uma mulher; e, entretanto, ela não era nem sua esposa, nem sua mãe, nem sua irmã, nem mesmo sua amante!

Como que adoça, como que tira as asperezas e as brutalidades, próprias ao nosso sexo, essa influência feminina nas letras e nas artes.

Entre nós, ela não se verifica e parece que aquilo que os nossos trabalhos intelectuais têm de descompassado, de falta de progressão e harmonia, de pobreza de uma alta compreensão da vida, de revolta clara e latente, de falta de serenidade, vem daí.

Não há num Raul Pompeia influência de mulher; e cito só esse exemplo que vale por legião. Se houvesse, quem sabe se as suas qualidades intrínsecas de pensador e de artista não nos poderiam ter dado uma obra mais humana, mais ampla, menos atormentada, fluindo mais suavemente por entre as belezas da vida?

Como se sente bem a intimidade espiritual, perfeitamente espiritual, que há entre Balzac e a sua terna irmã, Laura Sanille, quando aquele lhe escreve, numa hora de dúvida angustiosa dos seus tenebrosos anos de aprendizagem: "Laura, Laura, meus dois únicos desejos, *ser célebre e ser amado*, serão algum dia satisfeitos?". Há disso aqui?

Se nas obras dos nossos poetas e pensadores, passa uma alusão dessa ordem, sentimos que a coisa não é perfeitamente exata, e antes o poeta quer criar uma ilusão necessária do que exprimir uma convicção bem estabelecida. Seria melhor talvez dizer que a comunhão espiritual, que a penetração de ideias não se dá; o poeta força as entradas que resistem tenazmente.

É com desespero que verifico isso, mas que se há de fazer? É preciso ser honesto, pelo menos de pensamento...[55]

\* \* \*

Recebo [livros] às pencas, daqui e dacolá. O meu desejo era dar notícia deles, quer fosse nesta ou naquela revista; mas também o meu intuito era noticiá-los honestamente, isto é, depois de tê-los lido e refletido sobre o que eles dizem. Infelizmente não posso fazer isso com a presteza que a ansiedade dos autores pede. A minha vida, se não é afanosa, é tumultuária e irregular, e a vou levando assim como Deus quer. Entretanto, livros chovem sobre mim — coisa que muito me

---

[55] Da crônica "A mulher brasileira" (1911), em *Vida urbana*, 1956.

honra, mas com a qual me vejo atrapalhado, devido à falta de método na minha vida.[56]

\* \* \*

A antiga escola da Praia Vermelha, como toda caserna, terrestre ou flutuante, era muito favorável à formação de termos de gíria, de anedotas picarescas, senão fesceninas, de anexins e sentenças de sainete peculiar.

A sua segregação parcial do total da sociedade, o quase isolamento dos seus alunos do resto dos homens de outras profissões e ofícios, o encontro forçado ali de gente oriunda de vários lugares, de proveniências familiares as mais diferentes, a monotonia da vida que exige conversas, pândegas adequadas entre eles, devia levar os cadetes a criar, sem o sentir, com estes ou aqueles elementos, uns modos de linguagem própria e literatura oral sua.

Aquele estabelecimento tinha, além dessa feição peculiar à sua natureza, algumas qualidades e atributos que vieram encontrar a sua expressão máxima em Euclides da Cunha. No seu escrever, pejado de metáforas e comparações científicas, há sempre a preocupação de demonstrar saber universal, desdém pelas impressões do primeiro instante, desejo de esconder a colaboração do inconsciente sob a crosta espessa das leituras. Não se notam, no seu estilo, cambiantes, abandonos, suaves esbatimentos nas transições. A sua alma era seca e árida, e todo ele cheio de um orgulho intelectual desmedido, que a tornava ainda mais seca e mais árida. Tendo estudado difíceis disciplinas e, certamente, as conhecendo, mas literato até à medula, até à tortura de procurar um estilo original e inconfundível, até ao rebuscamento dos vocábulos raros, tinha a pretensão de filósofo, de homem de

---

[56] Da crônica "Livros" (1922), em *Impressões de leitura*, 1956.

ciência que despreza o simples escritor, para ele sempre um ignorante.

Nas pequenas revistas da velha escola da Praia Vermelha, pode-se notar esse modo de espírito peculiar a ela, e também nas anedotas e "casos" contados pelos seus ex-discípulos.

Era corrente até bem pouco, entre seus alunos, que aquele instituto de ensino era o primeiro estabelecimento científico do mundo. Uma carta do doutor Audiffret, discípulo de Augusto Comte, justificava essa crença...

Euclides da Cunha manifestou, nos seus escritos, a influência do seu primeiro meio intelectual e o seu orgulho mental devia tê-lo tomado muito cedo, pois a sua vida, que anda contada de boca em boca, não registra a existência de fortes amizades de moço, de menino, de criança.

O senhor Alberto Rangel é o único que assim é apontado. Talvez sem fundamento, eu creio mais literária do que simples e espontânea amizade de colegas de mocidade a que existia entre eles. Entretanto, a Escola Militar era de fortes camaradagens, de grande sociabilidade, de dedicações de uns alunos pelos outros, levadas ao extremo.

Daí, talvez, essa capacidade de criar gíria, modificações e derivações na linguagem comum, que sempre foi uma criação do pendor dos homens para o seu agregamento; e ter tido ela influência decisiva nos nossos motins políticos.[57]

\* \* \*

Nossas letras, apesar de não serem ricas em amadores de qualquer ordem, já têm, entretanto, produção suficiente para exigir o estudo isolado, monografias dos seus melhores

---

[57] Da crônica "História de um soldado velho" (1919), em *Coisas do reino do Jambon*, 1956.

representantes; e esses estudos devem tentar as jovens inteligências operosas, pois é campo pouco explorado, mas que parece fecundo.

Poucos deles têm merecido esse estudo, José de Alencar, ensaio de Araripe Júnior; Gonçalves Dias, uma biografia do senhor Mendes Leal; Castro Alves, ensaio dos senhores Xavier Marques e Afrânio Peixoto; Machado de Assis, este por ser assim como herói epônimo da Academia, mereceu diversos, entre os quais avultam o de Alcides Maia e o do senhor A. Pujol.

Assim, de pronto, não me recordo de outros autores nacionais que tenham sido tomados como objeto de trabalhos especiais sobre as suas vidas e suas obras. Entretanto, isto se me afigura de uma indeclinável necessidade, para bem se aquilatar afinal do valor e do alcance do nosso pensamento total.

Desautorizadamente, julgo eu que nenhuma história da nossa literatura poderá se aproximar da perfeição, enquanto não houver de sobra esses estudos parciais dos seus autores. Se não estou de todo esquecido, penso que isso já foi dito não sei por quem.

Pesquisas sobre as suas vidas, os desgostos, suas amizades, seus amores, seus estudos, sua correspondência, tudo isso que pode esclarecer o pensamento e a tenção de suas obras, não se concebe possa ser feito por um só autor; e, tendo de julgá-los numa única obra geral, um único erudito, por mais ativo e diligente que seja, há de por força falhar e ser incompleto, se não tiver à mão esses estudos e outras achegas.

Ultimamente, porém, a atividade da nossa crítica literária parece ter compreendido isto, pois surgem, de onde em onde, monografias especiais sobre autores de monta e sobre outros assuntos relativos às letras nacionais.[58]

---

[58] Da crônica "Dois meninos" (1920), em *Impressões de leitura*, 1956.

\* \* \*

Espero, justamente, que [o senhor Carlos Malheiro] não leve a mal uns reparos que vou fazer sobre um seu recente artigo no O *País* intitulado — "À margem do último livro de Anatole France". O que me feriu logo nele foi o primeiro período. Diz o autor da *Paixão de Maria do Céu*:

"A aura gloriosa e nos nossos tempos incomparável de Anatole France servirá grandemente aos historiadores futuros para comporem uma opinião judiciosa sobre o bom gosto das *elites* sociais nossas contemporâneas; e digo 'sociais', porque seria prova de inépcia imaginar que as centenas de milhares de volumes das suas obras foram exclusivamente adquiridas pelos literatos aprendizes, militantes e honorários."

Pelo que diz aí o senhor Malheiro Dias não sei por que despreza os aprendizes literatos, militantes e honorários.

Como eu sempre falei em literatura militante, se bem me julgando aprendiz, mas não honorário, pois já tenho publicado livros, tomei o pião na unha.

A começar por Anatole France, a grande literatura tem sido militante.

Não sei como o senhor Malheiro Dias poderá classificar a *Ilha dos pinguins*, os *Bergerets*, e mais alguns livros do grande mestre francês, senão dessa maneira.

Eles nada têm de contemplativos, de plásticos, de incolores. Todas, ou quase todas as suas obras, se não visam à propaganda de um credo social, têm por mira um escopo sociológico. Militam.

Isto em geral dentro daquele preceito de Guyau que achava na obra de arte o destino de revelar umas almas às outras, de restabelecer entre elas uma ligação necessária ao mútuo entendimento dos homens.

Eu chamo e tenho chamado de militantes às obras de arte que têm semelhante escopo.

Quando disse que o senhor Júlio Dantas ou o senhor Antero de Figueiredo não mereciam esse *engagement* que estamos tendo por eles, é que eles não mereciam, no Brasil, a influência que vão tendo.

O Brasil é mais complexo, na ordem social econômica, no seu próprio destino, do que Portugal.

A velha terra lusa tem um grande passado. Nós não temos nenhum; só temos futuro. E é dele que a nossa literatura deve tratar, da maneira literária. Nós nos precisamos ligar; precisamos nos compreender uns aos outros; precisamos dizer as qualidades que cada um de nós tem, para bem suportarmos o fardo da vida e dos nossos destinos. Em vez de estarmos aí a cantar cavalheiros de fidalguia suspeita e damas de uma aristocracia de armazém por atacado, porque moram em Botafogo ou Laranjeiras, devemos mostrar nas nossas obras que um negro, um índio, um português ou um italiano se podem entender e se podem amar, no interesse comum de todos nós.[59]

\* \* \*

O senhor Júlio Dantas não passa de um Rostanzinho de Lisboa que fez *A ceia dos cardeais* — obra que não é senão um superficial *lever de rideau*, sem um pensamento superior, sem uma emoção mais distinta, *verroterie* poética que fascinou toda a gente aqui e, creio, também em Portugal.

As suas peças históricas não têm um julgamento original de acordo com qualquer ideal estético ou filosófico; não traem um avaliador sagaz, ágil do passado; de rigor psicológico, nada têm os seus personagens.

---

[59] Da crônica "Literatura militante" (1918), em *Impressões de leitura*, 1956.

São glosas dialogadas de tradições e crônicas suspeitas, sem uma vista original do autor, sem um comentário que denuncie o pensador.

Entretanto, num país como o Brasil, em que, por suas condições naturais, políticas, sociais e econômicas, se devem debater tantas questões interessantes e profundas, nós nos estamos deixando arrastar por esses maçantes carpidores do passado que bem me parece serem da raça desses velhos decrépitos que levam por aí a choramingar a toda a hora e a todo o tempo: "Isto está perdido! No meu tempo as coisas eram muito outras, muito melhores".

E, por fim, citam uma porção de patifarias e baixezas de toda a ordem.

Que Portugal faça isso, vá! Que lá ele se console em rever a grandeza passada dos lusíadas em um marquês que tem por amante uma fadista, ou que outro nome tenha, da Mouraria, concebe-se; mas que o Brasil o siga em semelhante choradeira, não vejo por quê.

É chegada, no mundo, a hora de reformarmos a sociedade, a humanidade, não politicamente que nada adianta; mas socialmente que é tudo.

Temos que rever os fundamentos da pátria, da família, do Estado, da propriedade; temos que rever os fundamentos da arte e da ciência; e que campo vasto está aí para uma grande literatura, tal qual nos deu a Rússia, a imortal literatura dos Turguênievs, dos Tolstóis, do gigantesco Dostoiévski, igual a Shakespeare, e, mesmo, do Górki! E só falo nestes; ainda poderia falar em outros de outras nacionalidades, como Ibsen, George Eliot, Johan Bojer e quantos mais?

É o caminho que devemos seguir, pois nada temos com essas alcovitices históricas que o senhor Júlio Dantas, o Rostanzinho de Lisboa, médico do Regimento de Cavalaria 7, discreteia pelos palcos com o chamariz da sua elegância e das suas lindas feições, tratadas cuidadosamente, além do anúncio das suas imagens sonoras de carrilhão com que atrai as devotas.

Compará-lo a Rostand é uma grande injustiça, pois a peça do autor francês que fascina o autor português é o *Cyrano de Bergerac*; mas esta obra é, ainda assim mesmo, uma bela e forte peça, no fundo e na ideia; não é um simples bródio de prelados cínicos que comem glutonicamente a fartar e falam de amor, como se não tivessem batina.[60]

\* \* \*

Um escritor que, com raras qualidades, parece ainda estar à procura do seu caminho, é o senhor Adelino Magalhães.

Há nele uma grande capacidade de observação até ao mínimo detalhe, à minúcia; é vivo e ligeiro; tem grande originalidade no dizer; mas lá vem o "mas"! — o senhor Adelino Magalhães não quer ver nada além dos fatos concretos, atém-se às aparências, pretende ficar impassível diante do *Tumulto da vida* (é o título de sua última obra) e não o perfuma de sonho, de dor, de piedade e de amor.

A sua estética é muito cruel e primitiva; os seus contos ou antes: as suas *tranches de vie* têm alguma coisa de bárbaro, de selvagem, de maldade inconsciente. Contudo, o seu livro tem um grande merecimento: é próprio, é original. O trabalho com que o abre — "Um prego! Mais outro prego!..." — é sobre todos os aspectos notável, apesar do abuso da onomatopeia — pã! pã![61]

---

[60] Da crônica "Volto ao Camões" (1918), em *Impressões de leitura*, 1956.

[61] Da crônica "Vários autores e várias obras" (1920), em *Impressões de leitura*, 1956.

\* \* \*

    Hilário Tácito, farto das vãs histórias da marquesa de Santos e da Pompadour, viu que entre elas, as vãs histórias, havia muita coisa com que não se sonhava. Tratou de escrever o relato da vida de *Mme. Pommery*. Podia, afirma ele, justificar o seu asserto, se o quisesse desenvolver com grande cópia de considerações filosóficas sobre o valor da história, citar Spencer, Kant e Pedro Lessa e o resto da forragem de erudição que não se dispensa em conjecturas semelhantes. Abandonou, porém, tal propósito e desembarcou logo Mme. Pommery em Santos.

    Ela aí chegou como um herói de Carlyle, no seio da nossa trevosa Humanidade; chegou cheia da "centelha divina", para fazer arder os gravetos da sociedade paulista. Mme. Pommery montou uma usina produtora e transformadora, com o auxílio de um "coronel" camarada, chamou-a "Au Paradis Retrouvé", à rua Paissandu, donde emitiu a sua irradiação e baniu daí a cerveja, substituindo-a pela champanha, a 30$000 a garrafa. Iniciava a sua missão heroica nas terras do Tietê...

    Era uma espécie de Abbaye de Thelème, não muito igual à de Pantagruel e muito menos à dos pândegos de Paris, por demais, porém, adequada a São Paulo e, se possível fosse, ao Rio de Janeiro.

    A usina, *abbaye* ou coisa que o valha, começou a funcionar segundo regras de uma particular mecânica aplicada, cuja teoria geral convém pedir emprestada ao autor. Ei-la num exemplo: "Trata-se de aliviar dito indivíduo (um coronel) dos seus 135 mil réis por um processo automático mecânico; isto é, sem nenhuma força a mais, além de *cocotte*, champanha, coronel. A operação executa-se em três fases: 'Fase A' — *Cocotte* engrena coronel. Resistência ao rolamento — 100 mil réis. Resultante: contração, movimento retardado. 'Fase B' — *Cocotte* engrena champanha, champanha engrena coronel. Resistência inicial — 30 mil réis. Resultante: atração, movimento giratório cerebral. 'Fase C': — Coronel engrena *cocotte*. Resistência final — 100 mil réis. Resultante: convulsão, movimento ascensional acelerado".

Realizando esta obra portentosa, a Mme. Pommery rapidamente começou a influir nos destinos da sociedade paulista e, indiretamente, em toda a comunhão brasileira. A Finança, a Valorização, o Bar Municipal, a Moda, o Carnaval, a Política recebiam o seu influxo e a ele obedeciam; e, não lhe sendo bastante isto, transformaram-na em educadora, em afinadora de maneira dos rapazes ricos.

Assim, Mme. Pommery influiu sobre as várias e todas as partes da sociedade, exceto sobre os literatos, naturalmente sobre os paulistas, porque, sobre os daqui, estou informado de gente limpa que ela influiu dadivosamente, dando até a certo e determinado um principado em Zanzibar, por ocasião da assinatura do Tratado de Versalhes, além de favores que prestou a outros para escrever futuramente as suas magníficas obras.

É tempo, porém, de falar de um modo geral de tão curioso livro. Seria estulto querer encarar semelhante obra pelo modelo clássico de romance, à moda de Flaubert ou mesmo de Balzac. Nós não temos mais tempo nem o péssimo critério de fixar rígidos gêneros literários, à moda dos retóricos clássicos com as produções do seu tempo e anteriores. Os gêneros que herdamos e que criamos estão a toda a hora a se entrelaçar, a se enxertar, para variar e atrair. O livro do senhor Hilário Tácito obedece a esse espírito e é esse o seu encanto máximo: tem de tudo. É rico e sem modelo; e, apesar da intemperança de citações, de uma certa falta de coordenação, empolga e faz pensar. Vale sobretudo pela suculenta ironia de que está recheado, ironia muito complexa, que vai da simples malícia ao mais profundo *humour*, em que assenta afinal o fundo de sua inspiração geral.[62]

\* \* \*

Estou no hospício, onde me fazem veranear de quando em quando para me prolongar a vida e essa estulta mania de escrever.

Se estivesse em casa com luz cômoda, ao lado, e não uma lâmpada fraca, ao alto, quase na altura do sol, sem a força luminosa deste, como a que aqui tenho, à noite, teria lido o seu *Professor Jeremias* de cabo a rabo.

Gostei muito e fique certo que o estou lendo com interesse, não de confrade, colega etc. etc., mas como leitor simples e simples leitor de algum gosto.

Apreciei muito a sua naturalidade, a candura da sua narrativa, o meio sorriso com que sublinha certas passagens. A vida de sua escola normal é uma delícia.

Hei de escrever alguma coisa em qualquer revista daqui. Espere. Estas linhas têm unicamente por fim manifestar-lhe o meu reconhecimento e o prazer que me deu a sua lembrança de me oferecer o seu trabalho, tanto mais tocante quanto estou no Cemitério dos Vivos, que, por ironia das denominações, fica na Praia da Saudade.[63]

\* \* \*

O senhor Gastão Cruls é médico, mas, graças a Deus, não escreve no calão pedante dos seus colegas. Escreve como toda a gente, naturalmente procurando os efeitos artísti-

---

[62] Da crônica "Mme. Pommery" (1920), em *Impressões de leitura*, 1956.

[63] Carta a Leo Vaz, 25 de janeiro de 1920.

cos da arte de escrever, mas escreve sem o *Elucidário* de Viterbo e o *Bluteau* nas mãos, e — que concubinato! — sem ter diante dos olhos o redundante Padre Vieira e o enfático Herculano.

Vale a pena ler o seu livro [de contos, *Coivara*]. É delicioso de naturalidade e precisão. Nota-se nele que o autor ama muito a vida da roça, a vida da fazenda; mas — coisa singular — esse autor que ama a vida da roça não ama a natureza. Não há nele um toque distinto que denuncie esse amor. Não é só à paisagem, mas mesmo aos bichos, aos bois, aos carneiros; o que ele ama é, por assim dizer, a vida social da roça. As relações do fazendeiro com os colonos, os seus negócios, as suas cerimônias domésticas. Digo isso de um modo geral, sem querer de forma alguma diminuir o mérito do autor.

"Noites brancas", por exemplo, é conto fora dos nossos moldes, terrível, fantástico e doloroso. Beijos de uma morfética, dentro da noite escura. Oh! Que horror!

O que estranho no autor de um livro tão digno, como é *Coivara*, é a admiração que parece ter por Oscar Wilde e se traduz em frases quentes no seu conto "A noiva de Oscar Wilde".

Esse Wilde, que se intitulava a si mesmo — "King of Life", "Rei da Vida" — não passou antes de "Reading" de nada mais do que o "Rei dos Cabotinos".

Com uma singular sagacidade, ele soube conquistar a alta sociedade da sua terra, expondo-lhe os vícios e, ao mesmo tempo, os justificando com paradoxos nem sempre de bom quilate. As suas obras são medíocres e sem valimento. Às vezes até com uma originalidade duvidosa, mesmo nos paradoxos. Faltou a Wilde sempre o senso da vida, sentimento do alto destino do homem, a frescura e a ingenuidade do verdadeiro talento, a grandeza da concepção e a força da execução.

Ele é um mascarado que enganou e explorou toda uma sociedade, durante muito tempo, com arremedos, trejeitos e *poses* de artista requintado. Queria distinções sociais e dinheiro.

Para isso, lançou mão das mais ignominiosas ousadias, entre as quais, a de ostentar o porco vício que o levou ao cárcere. Aí ele despe-se do peplo, tira o anel da múmia do dedo, põe fora o cravo verde, perde toda a bazófia e abate-se. Dostoiévski passou alguns anos na Sibéria, num atroz presídio, entre os mais inumanos bandidos que se possa imaginar, e não se abateu...

Toda a sua jactância, todo o seu cinismo em mostrar-se possuidor de vícios refinados e repugnantes, toda a sua vaidade — tudo isso que o arrastou à desgraça —, talvez tenha dado um bom resultado. Sabe qual é, meu caro doutor Cruls? É tê-lo feito escrever o *De profundis*. A vida é coisa séria e o sério da vida está na dor, na desgraça, na miséria e na humildade.[64]

\* \* \*

Jackson de Figueiredo, que, ultimamente, parecia se ter desinteressado completamente das letras propriamente, para dedicar-se a assuntos da apologética católica, volta com este seu recente volume — *Humilhados e luminosos* — a elas com certa sofreguidão e mal disfarçado contentamento. *On revient toujours...*

Nele, o ilustrado crítico de Xavier Marques trata de quatro figuras literárias [Melo Leite, Pedro Kilkerry, Juca Magalhães e Uriel Tavares], quase inteiramente desconhecidas

---

[64] Da crônica "À margem do *Coivara*, de Gastão Cruls" (1921), em *Impressões de leitura*, 1956.

do grande e do pequeno público, com muito amor e interesse, como se tratasse dos nossos graúdos literários.

A arte nos promete tanto, quando começamos, nos alenta com tantas esperanças, e tão fortes, e tão absorventes, que, ao nos convencermos de que não conseguiremos realizar nenhuma das suas promessas, a dor que nos fica n'alma é sem remédio e lenitivo. Os temperamentos de que Jackson fala na sua curiosa brochura, são desses integrais de poetas que o querem ser sem nenhuma transição, sem nenhuma abdicação. São temperamentos terríveis, candidatos à desgraça.

Há um deles, Melo Leite, que o autor conheceu estudante "crônico", em Salvador da Bahia, dormindo nas barcaças acostadas aos cais, ajeitando o andar para não denunciar a falta de sola nas botinas e revoltado contra a generosidade dos amigos e colegas; pois este Melo Leite, assim sublime na sua miséria, é quem confidencia a Jackson: "que aquele a quem Deus fizera o dom da poesia, devia ser poeta até o fim, fosse como fosse, desse no que desse, acontecesse o que acontecesse... Se rico e feliz, dentro da sua riqueza e felicidade, se pobre e desgraçado, dentro da sua infelicidade e pobreza".

Aceito a fórmula do poeta, mas a prepararia um pouco para ulteriores aplicações.

A poesia, a arte, é uma instituição social; ela surge da sociedade para a sociedade. O poeta, seja rico ou pobre, feliz ou infeliz, o seu primeiro dever é comunicar-se com os outros e dizer-lhes a que vem e para o que vem; e não é possível fazer tal coisa sem publicar-se e não é possível imprimir-se sem transigir.

O primeiro trabalho de quem sente em si borbulhar atividade tão superior, é fazer, e dizer o seu feito aos outros. Há grandes vantagens em tal coisa: primeiro, desbasta-se muito do que houver de demasiado pessoal em nós e sem interesse para os restantes; e segundo, ganhamos a aprovação, o alento, a animação de desconhecidos que nos falem com sinceridade, entusiasmo, embora nos censurem os defeitos, os exageros, paternalmente.

Os que nos cercam, são sempre suspeitos. Ou são amigos e veem tudo que é nosso, coisa boa; ou são inimigos e dizem que o que nós fazemos não presta, porque andamos com uma roupa sovada e o colarinho sujo, embora nunca tentássemos namorar uma parenta qualquer deles.

O que há nesses temperamentos de Melo Leite, de Kilkerry — outro estudante-poeta que Jackson estuda — é orgulho e é timidez.

É orgulho de adolescente que trava pela primeira vez conhecimento com as coisas de ciência, de arte e de filosofia; e julga que os mais velhos não nas sabem porque ele, o adolescente, não os vê citá-las a cada passo.

A essa representação superior deles mesmos e da sua força intelectual, não corresponde uma energia de ação equivalente, não só devido à insatisfação que acompanha todo o artista, como a timidez que é a dominante nesses caracteres que Jackson tão magistralmente analisa na sua recente obra.

Eles têm medo de publicar, eles têm medo da crítica, de ficarem diminuídos de si mesmos por uma opinião desfavorável, não só diante deles mesmos como diante dos seus camaradas.

Falo aqui com a máxima sinceridade, sem nenhum intuito de diminuir o mérito de quem quer que seja; e posso falar assim porque tenho, como o autor de *Humilhados e luminosos*, amigos que sofrem do mesmo mal, e talvez eu mesmo sofra ou tivesse sofrido. Mas... *Alea jacta est!*

O livro de Jackson trata de três individualidades que são espécimes de boêmios, cada qual com as suas características; a quarta, porém, não o é e é justamente o contrário. Quero falar do poeta mineiro Uriel Tavares. É este um verdadeiro trabalhador. No emprego desta palavra, referindo-se a Uriel, não há a mínima amplificação, não há nenhuma lei de semântica; ele é um trabalhador de enxada no sul de Minas, em Muzambinho, ganhando mil e poucos por dia, na carpa de plantações e outros rudimentares trabalhos agrícolas.

Entretanto, a sua poesia é sábia, é de letrado; não se procurem nela efusões diretas, íntimas, de alma para alma, com a natureza. Os seus versos não saltam logo do coração para o papel.

O senhor Uriel fez os seus estudos e conhece os seus autores.

Não há mal nenhum nisso; mas o que tornaria mais interessante a sua figura, já de si interessante, é se ele não conhecesse esses autores, não tivesse sido fascinado por Antonio Nobre e influenciado por Alberto de Oliveira, e fosse como que a voz, ao mesmo tempo, grandiosa e eloquente da nossa natureza sem nenhum intermediário.

Contudo não podemos ler as páginas em que Jackson trata desse poeta instruído que, para viver, trabalha com a enxada na mão, e também as suas poesias que ilustram o estudo — não se podem ler ambas as coisas, sem cobrir de uma grande simpatia o poeta e crer com muita força na missão superior da Poesia.[65]

\* \* \*

Cercado de amigos, encontrando por toda parte uma feição e uma simpatia, uma vida como a do personagem [Crispim, do romance *História de João Crispim*], do senhor Enéas Ferraz perde a sua significação e trai o seu destino.

A sua significação era a insurreição permanente contra tudo e contra todos; e o seu destino seria a apoteose, ou ser assassinado por um bandido, a soldo de um poderoso qual-

---

[65] Da crônica "Poesia e poetas" (1921), em *Impressões de leitura*, 1956.

quer, ou pelo governo; mas a gratidão e as amizades fazem-no recalcar a revolta, a explosão de ódio, de fel contra as injustiças que o obrigaram a sofrer, tanto mais que os que a sorte aquinhoa e o Estado estimula, com honrarias e cargos, não têm nenhuma espécie de superioridade essencial sobre ele, seja em que for.

Crispim, nem de leve, se insurgiu, a não ser inofensivamente em palestras e na platônica insurreição do cálice de cachaça, sorvidos, nos lábios de um rapaz, embora mulato, mas educado e com instrução superior à vulgar. Morre, porém, debaixo das rodas de um automóvel, num sábado de carnaval; vai para o necrotério, donde a caridade do Estado, após os folguedos de Momo — como se diz nos jornais — leva-lhe o cadáver para a sepultura, como indigente, pois não foi reconhecido. A orgia carnavalesca não permitiu que o fosse...

Não quero epilogar sobre essa cena, que é, aliás, uma das mais belas do livro; não posso, porém, deixar de observar que um tipo como esse João Crispim devia ser conhecido, mais ou menos, por todo o mundo, neste vasto Rio de Janeiro, onde sujeitos menos originais que Crispim são apontados por toda a gente.

Isto, porém, é uma nuga sem importância, sobre a qual não vale a pena insistir. Os detalhes da obra do senhor Ferraz são, em geral, excelentes; e ele possui, como ninguém, o sentimento da cidade, de suas várias partes e de seus vários aspectos, em diversas horas do dia e da noite.

Quase sempre, nós nos esquecemos muito dos aspectos urbanos, do "ar" das praças, das ruas, das lojas etc., das cidades que descrevemos em nossos livros, conforme as horas em que eles nos interessam em nossos escritos. A Balzac e a Dickens, os mestres do romance moderno, não escapa isso; e ao senhor Ferraz também interessou essa feição do romancear do nosso tempo, tanto assim que nos dá belas descrições de trechos e coisas da cidade. Não citarei senão aquele das imediações do Teatro Municipal, alta noite; e também a da tradicional livraria do velho Martins, na rua General Câmara — um Daumier![66]

\* \* \*

É um grande prazer para quem, como eu, nasceu e vive no Rio de Janeiro, travar conhecimento com a vida da província, por meio de obras de ficção. Mais do que nenhuma outra manifestação do pensamento humano, a literatura é própria para nos dar essa impressão de vida e mais do que nenhuma outra arte, ela consegue dar movimento, senão cor, a essa vida.

Infelizmente, os autores dos estados ainda não viram isto e julgam que a vida que os cerca não se presta ao romance, ao conto ou à novela. De quando em quando, porém, surge um mais audacioso e nos dá pinturas flagrantes dessa vida, por vezes muito diferente desta nossa do Rio de Janeiro. É um meio de nos ligar, de nos fazer compreender uns aos outros, nesta vastidão de país que é o Brasil.

Se a função normal da literatura é, dizendo o que os simples fatos não dizem, revelar, para ligar umas almas às outras, nunca ela foi tão útil como é agora no Brasil. Ultimamente, São Paulo dá belos exemplos; e a timidez dos ensaios dos últimos anos, graças à iniciativa de Monteiro Lobato, foi substituída pela audácia e força dos autores do *Professor Jeremias* e de *Mme. Pommery*.

Minas tinha-nos dado aquele excelente João Lúcio, que no seu *Pontes & Cia* revelou fortes qualidades de romancis-

---

[66] Da crônica "História de um mulato" (1922), em *Impressões de leitura*, 1956.

ta, com todos os recursos da arte e com raros dotes de paisagista.

Outros há que não me acodem agora; e não será por menosprezo que não lhes ponho o nome aqui; mas, e tão somente por esquecimento.

Do Recife acabo de receber um interessante romance, que o seu autor me manda com lisonjeiro oferecimento. Chama-se ele: *O destino da escolástica* e é assinado pelo senhor Lucilo Varejão.

Li-o de um hausto e com imenso prazer. Escrito com simplicidade, sem se preocupar com que os médicos da nossa Academia chamam estilo, ele o tem, embora aqui e ali se notem incorreções. Sou completamente suspeito para falar a esse respeito, pois, toda a duvidosa e brigona gramática nacional me tem por incorreto.

O que nele há de excelente, é o sentimento de vida, de realidade, a análise dos caracteres e a impressão que deixa da consciência em que eles se movem. O que ele tem de excelente, é o clima: é o romance.

Há de fato, nele, romance, entrecho, drama, que empolga e sacode o leitor.[67]

\* \* \*

Sobre o livro do senhor Nestor Vítor, que tem o título acima [*A crítica de ontem*], e os editores Leite Ribeiro & Maurillo deram à publicidade ultimamente, há muito que dizer e há muito que epilogar.

Trata de tantos autores e de tantas obras, estuda todos, tanto os primeiros como as outras, sob uma larga e vasta crítica em que, felizmente, não trai um sistema ou uma esco-

---

[67] Da crônica "Um romance pernambucano" (1920), em *Impressões de leitura*, 1956.

la, que o noticiarista de sua obra teria de acompanhá-lo *pari passu*, e fazer outra que não lhe caberia nas margens, se quisesse analisá-la conscienciosamente.

Há, porém, pontos de vista gerais que, podendo ser discutidos, merecem, por parecerem ser do próprio autor, especial menção.

Falando de "Os Novos", os novos de há vinte anos, o senhor Vítor fala com vistas seguras de que foi um deles ou era ainda. Eis o que ele diz:

> "Eu sei, na maior parte, quase na totalidade, estes neófitos desaparecerão amanhã, serão raríssimos os dentre eles verdadeiramente predestinados a resistir até o fim. O que é possível, em todo caso, é que entre eles venha 'alguém', alguma alma diamantina — límpida, maravilhosa e forte —, que esteja ainda dormitando sob a opacidade de uma adolescência imprecisa, mas que em todo caso, nos atritos de uma estreia singular, escandalosa, extravagante, já ande indistintamente procurando, como os seixos dos rios, as gloriosas agruras propícias a toda lapidação.
> Se assim for, esse aprenderá depressa a distinguir o artístico do artificioso, o que é ideal do que é esotérico, cabalístico, irrisório, mentecapto. Porque não trará as arcadas do peito tão estreitas, o sangue tão pobre, o ânimo tão deprimido que deseje egoisticamente sufocar a natureza na cálida, mas miserável atmosfera envidraçada das estufas do jardim de aclimação."

O autor dos *Signos*, com toda a razão, preferia estes doidos aos "regradinhos", aos "amantinhos", "opacos e mesentéricos", no dizer do crítico "trabalhando versos ainda como Gonçalves de Magalhães, nos *Suspiros poéticos*". Diz porque os prefere em palavras cheias de independência que ainda uma vez tomo de empréstimo ao autor:

> "O quanto têm os 'nefelibatas' de azoinados têm estes de comedidos e sensatos. O misoneísmo é o sentimento que principalmente os domina. Seus adjetivos prediletos são o 'mimoso', o 'fagueiro', o 'ameno', tudo muito castiço, muito autorizado, muito tal sim senhor, mas especialmente muito desfrutável e rococó.
> Eu acho detestáveis essas camadas de moços. Antes de tudo, falta-lhes propriamente mocidade; é de moço empreender, é lançar-se, não é vir esgueirando-se pelos beirais, e receber o santo e a senha com uma sorna obediência senil. Atua-lhes no ânimo principalmente o medo de um batismo de fogo. Não sabem que já mesmo na imprensa há por seus fetiches certa falta de fé. Daí vem que, apesar de todas as precauções tomadas, parte-lhes às vezes no encalço, a estes, daqui ou dali, um diabólico busca-pé imprevisto."

Este estudo, que tem toda a atualidade, dá bem a medida da capacidade de crítica do senhor Nestor Vítor, da sua aguda visão intelectual, da sua independência de julgar; e o seu paralelo entre Machado de Assis e José de Alencar é profundo, exato, verdadeiro, embora executado em ligeiras proposições.

Pela primeira vez, li alguma coisa sobre Machado de Assis, em que não se falasse profundamente, transcendentalmente sobre o humorismo, sobre os autores ingleses etc., etc.

Nós todos temos a mania de procurar sempre a verdade muito longe. O caso de Machado de Assis é um deles. Ele e a sua vida, o seu nascimento humilde, a sua falta de títulos, a sua situação de homem de cor, o seu acanhamento, a sua timidez, o conflito e a justaposição de todas essas determinantes condições de meio e de indivíduo, na sua grande inteligência, geraram os disfarces, estranhezas e singularidades do Brás Cubas, sob a atenta vigilância do autor sobre ele mesmo e a sua obra.

Penso que um estudo nessa direção explicaria melhor Machado de Assis do que todos os Lambs, Swifts, Thackerays e outros autores da Grã-Bretanha, Escócia, Irlanda e ilhas adjacentes. Para fazê-lo, preciso é franqueza, além de não esquecer os seus primeiros livros; e o senhor Nestor Vítor tem aquela qualidade de sobra e é de boa memória.[68]

\* \* \*

Em meados de 1905, Rafael [Pinheiro] era diretor intelectual e literário do magazine *Figuras e Figurões*; e em agosto, no dia 2, publicava com a sua assinatura, na citada revista, uma notícia em reportagem aliteratada, descrevendo uma excursão com o maestro [Giacomo] Puccini, que passara pelo Rio de Janeiro, de volta a uma visita-reclame à República Argentina.

Foram ao Jardim Botânico que, naquele tempo, ainda estava na moda. Agora vou dar a palavra ao Rafael, transcrevendo o retalho da sua crônica que guardo há cerca de quatorze anos. Ei-lo:

"Voltávamos. Inquirimos do que mais o impressionara depois da 'fatal' natureza.
— 'I mori' (os negros).

---

[68] Da crônica "A crítica de ontem" (1919), em *Impressões de leitura*, 1956.

De fato, uma fatalidade reuniu na rua dos Voluntários, de todas as idades, de todos os feitios, uma centena de negros, proporção esmagadora para os brancos que por ali transitavam. Negros vinham conosco no bonde, negros vira ele no cais, negros trabalhavam na muda do Largo do Machado. Um mal-estar nos entristecia quando uma crioula, toda de azul-celeste, passou por nós na rua Marquês de Abrantes:

— 'Azzuro celeste e nero, ma quella é la vera — celeste Aida?'...

Uma gargalhada sacudiu a caravana, ao ouvir esta frase de Puccini.

E nós também... rimos, um tanto dolorosamente."

Há muita coisa de que me rio, mas o que menos podia fazê-lo, era a bobagem puccinesca. Mesmo que se rissem todos os outros com uma banalidade dita por um homem da moda, admito que o fizessem delicadamente, mas "dolorosamente" — por quê?

Os companheiros de Rafael podiam fazê-lo; mas Rafael, um sociólogo prático, político, homem da multidão brasileira, sabia perfeitamente que, durante muitos anos, entraram milhões de negros no Brasil, vindos à força da África, e que não eram absolutamente estéreis. O seu sólido saber histórico, particularmente no que toca ao Brasil, não podia achar graça dolorosa numa tolice de um superficial maestro italiano, cuja fama já Rafael Pinheiro está vendo morrer. Ora, o Rafael! Quem o diria?[69]

\* \* \*

---

[69] Da crônica "Sestros brasileiros" (1919), em *Bagatelas*, 1923.

Sou muito avesso a versos e, sem negar-lhes mérito, tenho a opinião que os atuais poetas nacionais são muito semelhantes, para interessar um volúvel e vagabundo de espírito e corpo como sou.

Falam muito de amor, mas sem grandeza, nem drama, nem tragédia. O amor deles é um amor honesto ou semi-honesto de Petrópolis ou Botafogo, ou das calçadas da avenida. Evadido desse sentimento, eu só o acho digno da poesia quando ele sopra com fúria nas almas para cumprimento do Destino. Nas suas outras feiçõezinhas de fabricante de casamentos burgueses, de influência para melhorar situações particulares de rapazes necessitados, de fornecedor de espórtulas aos padres e pretores, absolutamente não me interessa; e, quando os meus poetas nacionais me enfadam com esses seus descantes venusinos muito familiares, leio o Canto V do *Inferno* e ponho-me a sonhar com Francesca da Rimini.

Entretanto, um dos jovens poetas que sempre li, mesmo com amor, com interesse e cuidado, foi Hermes Fontes. Ele apareceu, há bem dez anos, muito moço, quase menino ainda, com as *Apoteoses*, que eram verdadeiramente um livro de grande estreia segura. Dava o seu livro a medida do que o autor já era e poderia ser. Havia muita preocupação juvenil de mostrar leitura, saber e aquilo a que certos dos nossos novos e velhos poetas chamam, pomposamente, filosofia.

Porque os nossos poetas, em particular, e outros, em geral, não deixam aos cuidados dos seus críticos o trabalho de descobrir-lhes uma concepção geral do mundo e do homem. Vão adiante deles: põem logo a tabuleta. Hermes Fontes, muito moço, era destes, mas isso, que constituía pura meninice, não obstava que houvesse no seu livro muita emoção, muito pensamento original, seu e próprio, o que impressionou todos que o leram, e espalhou o seu nome pelo Brasil inteiro.

Ninguém se importou com as suas filosofias, como não se importou com o ortógrafo ou coisa que o valha, a aparecer na obra. Viram todos, só e unicamente, o poeta que era grande, original, podendo dispensar inovações métricas e as vitórias nos combates com as regras de Castilho.

Em trabalhos posteriores que eu não li, Hermes Fontes não fez senão afirmar suas qualidades, segundo me dizem e, também, segundo me dizem, os seus defeitos.

Forçou as metáforas, abusou das antíteses etc., mas não tanto que deixasse de ser o prodígio das *Apoteoses*.

Como disse, não li as mais recentes obras de Hermes Fontes, mas, sem concordar totalmente com os críticos severos do poeta, estou disposto a imaginar que eles têm, de algum modo, razão.

O sucesso do poeta não fez que se alargasse o seu campo de visão intelectual e humana, não lhe provocou ver muitos e muitos outros aspectos da vida comum. Hermes Fontes, saído da adolescência, não quis ver o mundo tal qual é; deixou-se estagnar como poeta de salas e salões do nosso mundinho, muito estreito e limitado, tendo a perturbar-lhe o corriqueiro espetáculo dos bailes honestos, dos dançarinos *up to date*, das meninas vulgarmente bonitas e, por fim, essa coisa atrozmente burguesa, que são o namoro, os namorados e as namoradas.

Ultimamente, há poucos dias até, Hermes Fontes, que já não é nenhum menino, revelou-se tão cheio ainda de simplicidade e inocência, que, apresentando-se como candidato à Academia de Letras, se julgou no dever de deitar um manifesto. Na sua peça de feições políticas, além de enumerar os seus livros, ele se impôs o dever de dar os seus outros títulos literários, isto é, que era bacharel em direito e praticante da Repartição dos Correios.[70]

---

[70] Da crônica "Um poeta e uma poetisa" (1919), *Impressões de leitura*, 1956.

* * *

Nestes dias de descanso da minha vagabundagem urbana e suburbana, li o teu livro com todo o prazer e suave emoção. Não te dou por um poeta de grandes mármores; mas és um poeta *biscuit* que precisa ser contemplado bem de perto, para ser apreciado na sua delicadeza e naturalidade. Como poeta, és uma miniatura e não o que os franceses chamam, no calão de *atelier*, *une grande machine*. Poderia citar; mas me falta competência. Entretanto, encheu-me de soberba emoção artística aquela verdadeira água-forte do teu livro — "O mar!". Saboreei-a, sobretudo a segunda quadra:

*Gosto de ouvi-lo em franco desafio* [...]

O resto, tu, autor, deves sabê-lo de cor.[71]

* * *

Li teu conto no *Jornal*, o qual tiveste a bondade de me dedicar. Muito obrigado. Está bom e próprio para "jornal". Podias, porém, detalhar um pouco mais, entrar mais nas causas da transformação do doutor Fagundes, *chic*, elegante, um pouco pedante, no simplório "seu" Fagundes da botica e do gamão. Tente fazer um romance daí que terás feito obra curiosa. Estudarás bem a influência da roça, a adaptação à vida dela, com os seus encantos e defeitos, de um "acadêmico" *tout à fait*, como dizias ainda não há muitos meses. Podes encarar a vida da roça com mais verdade do que agora se tem feito, sem falsificá-la, representando-a inocente e pura; mas

---

[71] Carta a Carlos Magalhães, 23 de dezembro de 1919.

sim como ela é: no fundo, parecida, e a vida de todos nós homens, aqui ou ali, com vícios e virtudes, com bondade e maldade. Não preciso dar-te conselhos. Sabes bem o partido que podes tirar do assunto do conto. É aproveitá-lo, já! e já!, enquanto não dês em usar ternos leves de brim roceiro e... em fundar uma academia de letras onde estás.[72]

REFERÊNCIAS

54
Lima Barreto se refere aqui ao francês [Antoine de] Rivarol (1753-1801), também conhecido como "conde de Rivarol", que se distinguiu como escritor epigramático, vencedor de alguns prêmios acadêmicos, mas sobretudo como autor do tratado *Sobre a universalidade da língua francesa* e como tradutor do "Inferno", de Dante Alighieri (1265-1321), indiretamente sugerido no registro de Lima Barreto. Ambos estes escritos apareceram publicados nos cinco volumes das *Obras de Antoine Rivarol*, em 1805. Foi conselheiro do rei Luís XVI e autor de folhetins contra a Revolução Francesa.

55
Alusão a Madame [Louise Florence Pétronille d'Esclavelles] d'Épinay (1726-1783), escritora francesa que deixou o marido para manter, no Chateau de La Chevrette, um importante salão literário depois frequentado pela nobreza europeia. Seu livro *Conversations d'Émilie* (1774) foi premiado pela Academia Francesa em 1783. O volume de sua correspondência, enfeixada nas *Mémoires et correspondance de Mme. d'Épinay* (1818) encerra grande número de cartas dirigidas por ela ao barão [Friedrich Melchior von] Grimm (1723-1807), diplomata e escritor bávaro de expressão francesa e autor do *Le petit prophète de Boehmmischbroda* (1753); ao filó-

---

[72] Carta a Ranulfo Prata, 3 de janeiro de 1921.

sofo enciclopedista [Denis] Diderot (1713-1784), autor de obras como *La religieuse* (1796) e *Le neveu de Rameau* (1821); e ao pensador [Jean-Jacques] Rousseau (1712-1778), celebrizado por seu decisivo *Discours sur l'inegalité parmi les hommes* (1753), todos sublinhados na resenha de Lima Barreto.

Convidado por Mme. d'Épinay, grande amiga dos enciclopedistas, Rousseu dela recebeu a proposta para hospedar-se numa pequena casa à sombra de seu castelo, próximo a Montmorency, que d'Épinay reformara para acomodar o filósofo. O lugar aprazível e adequado às horas de meditação e recolhimento ficou conhecido como L'Hermitage.

Há aqui também uma referência de Lima Barreto a Marie Anne du Vichy-Chamrond, conhecida como Mme. du Deffant (1697-1780), conhecida epistológrafa e salonista francesa, famosa por sua beleza e por seu espírito livre, avesso às convenções, que lhe permitiu reunir, em seus saraus literários, intelectuais, artistas e pensadores do porte de Voltaire, D'Alembert, Walpole, Julie de Lespinasse.

Igualmente citada neste registro a madame [Sophie] d'Houdetot (1730-1813), nobre francesa por quem Jean-Jacques Rousseau experimentou uma intensa paixão, apesar de breve.

57
Alberto Rangel (1871-1945), amigo de Euclides da Cunha desde os tempos em que foram companheiros na Escola Militar da Praia Vermelha, é autor do livro *O inferno verde* (1908), a partir do qual sempre se manteve alinhado aos estudos amazônicos de Euclides da Cunha, de cuja admiração nasceu uma empenhada correspondência.

58
Lima Barreto faz menção ao ensaio de [Tristão de Alencar] Araripe Júnior (1848-1911) intitulado "José de Alencar", de 1882; e revela confundir o ensaísta [José da Silva] Mendes Leal através do que parece ser uma possível referência ao "Prólogo das *Obras póstumas* de Antônio Gonçalves Dias", publicado por [Antônio] Henriques Leal (1828-1885), sócio correspondente do Instituto Histórico e Geográfico Brasileiro, no *Pantheon Maranhense*, em

1869. Alude ainda ao ensaio de Afrânio Peixoto (1876-1947), "Castro Alves, o poeta e o poema", de 1922; e também ao estudo de [Francisco] Xavier [Ferreira] Marques (1861-1942), "Vida de Castro Alves", de 1911. Lima Barreto encerra a citação com o ensaio de Alcides Maia (1877-1944) "Machado de Assis: algumas notas sobre o humor", de 1912, bem como com o estudo de Alfredo Pujol (1865-1917) "Machado de Assis: conferências", de 1917.

59
Carlos Malheiro Dias (1875-1941) é o escritor português, de pai português e mãe brasileira, e monarquista militante que se exilou no Brasil em 1910, aqui permanecendo até 1935. Seu romance *A mulata* (1896), que versa o tema da prostituição no subsolo das noites brasileiras, foi recebido com indignação e revolta pela crítica, que o tachou de ofensivo. Malheiro foi ainda diretor da revista *Ilustração Portuguesa* (1924) e coordenador da notável *História da colonização portuguesa no Brasil*, de 1921.

Anatole France (1844-1924), pseudônimo de Jacques Anatole Thibault, escritor, crítico e ensaísta francês, foi membro da Academia Francesa (1896), além de Prêmio Nobel de Literatura em 1921. France teve grande participação militante na cultura de seu tempo, repudiando o dogmatismo e o pensamento inflexível. Além da *Ilha dos pinguins* (1908) e da tetralogia que terminou com a trajetória de *Monsieur Bergeret em Paris*, ficou conhecido por obras como *Thais* (1891) e *A vida de Joana d'Arc* (1908).

Júlio Dantas (1878-1962), médico, político e diplomata português, cultivou os mais variados gêneros de literatura. Pertenceu à Academia de Ciências de Lisboa (1908) e se notabilizou com o drama *A ceia dos cardeais* (1902), sem no entanto conseguir evitar que muitos setores da classe intelectual o tivessem por conservador e ultrapassado. Essa a razão pela qual Lima Barreto o considera, no artigo aqui apresentado, o "Rostanzinho de Lisboa", aproximando-o, com isso, do espírito passadista do dramaturgo francês [Edmond Eugène Alexis] Rostand (1868-1918), que se destacou com a peça *Cyrano de Bergerac* (1897), com a qual chegou à Academia Francesa no ano de 1904.

Antero de Figueiredo (1866-1953) estudou Medicina, mas acabou se formando em Letras, em Lisboa, no ano de 1895, circunstância que lhe abriu as portas para a carreira literária. Escreveu sobre viagens e temas amenos, em livros como *Doida de amor* (1910), *D. Pedro e D. Inês* (1913) e *Jornadas em Portugal* (1918).

### 60
Lima Barreto nos fala aqui de Johan Bojer (1872-1959), dramaturgo e romancista popular da Noruega, que retratou a vida dos trabalhadores e dos fazendeiros pobres daquele país, sendo particularmente lembrado, segundo os críticos, por seu romance *Os imigrantes* (1923).

George Eliot (1819-1880), pseudônimo de Mary Ann Evans, romancista inglesa do período vitoriano, pautou a sua obra pela ênfase na análise individual e humana de suas personagens, inquietas e quase sempre fora de lugar no âmbito social em que se movem. Celebrizou-se, entre outros, com o romance *Middlemarch* (1871).

### 61
Lima Barreto refere-se ao romance *Tumulto da vida* (1920), de Adelino Magalhães (1887-1969), um dos mais expressivos representantes do impressionismo na literatura do começo do século XX no Brasil, cuja atmosfera ele avivou através de um mergulho trágico-naturalista, que soube temperar com os signos da alucinação e da crueldade. É autor de *Visões, cenas e perfis* (1918) e de *A ilha* (1946), entre outros.

### 62
Hilário Tácito (1885-1951), pseudônimo literário de José Maria de Toledo Malta, engenheiro de sucesso de São Paulo no terreno das estruturas de cimento armado, foi, além de escritor de talento, hábil enxadrista e depois redator da *Revista do Brasil*, em cujas páginas saiu publicado o seu único trabalho literário, o romance *Mme. Pommery* (1919), obra que viria juntar-se a uma enorme série de livros e artigos técnicos na área de sua formação profissional.

Lima Barreto alude aqui a dona Domitila de Castro Canto e Melo (1797-1867), conhecida também como viscondessa e marquesa de Santos, que exerceu grande influência sobre os atos do imperador dom Pedro I, de quem foi amante por quase oito anos.

Madame du Pompadour, mulher bela e de educação refinada, além de musicista, eis como era conhecida a francesa Jeanne Antoinette Poisson (1721-1764), amante oficial do rei Luís XV de Bourbon, o Bem-Amado, até o ano de sua morte.

[Herbert] Spencer (1820-1903), filósofo inglês vinculado ao positivismo, autor de *O indivíduo contra o Estado* (1884) e grande admirador de Charles Darwin; [Immanuel] Kant (1724-1804), célebre filósofo prussiano que se constitui numa das bases da filosofia da era moderna por sua obra *Crítica da razão pura* (1781); e Pedro [Augusto Carneiro] Lessa (1859-1921), jurista, magistrado e político brasileiro, autor, entre outros, dos *Estudos de Filosofia do Direito* (1912), entram nesta recensão de Lima Barreto como uma espécie de contraste irônico à vocação desgovernada da Mme. Pommery, protagonista que dá nome ao livro de Hilário Tácito.

[Thomas] Carlyle (1795-1881), escritor, historiador e ensaísta escocês que se notabilizou por defender a tese de que a vida e vocação dos heróis pode se constituir na chave reveladora para compreendermos o significado e as direções da história, é autor de *Sartor Resartus* (1831) e ganhou renome particularmente com a publicação da sua *História da Revolução Francesa* (1837).

Lima Barreto refere-se aqui à *Abbaye* [abadia] de Thélème, conforme a crítica, a primeira utopia da literatura francesa, descrita por [François] Rabelais (1494-1553) no capítulo LVII de seu livro *Gargantua* (1532). Pantagruel, sublinhado por Lima, é o herói desse primeiro romance de Rabelais, cujo título completo é *Les horribles et épouvantables faits et prouesses du très renommé Pantagruel Roi des Dipsodes, fils du Géant Gargantua*.

63
O destinatário da carta é o professor e jornalista de São Paulo, Leo[nel] Vaz [de Barros] (1890-1973), autor dos romances *O professor Jeremias* (1920), a que Lima Barreto se refere nesta passagem, *Ritinha* (s/d) e *O burrico Lúcio* (1951).

64
Gastão Cruls (1888-1959), médico carioca especializado em medicina sanitária, foi também contista, romancista e ensaísta,

sendo autor, entre outros, de *Coivara* (1920), aqui resenhado por Lima Barreto, e de *A Amazônia que eu vi* (1930).

*Elucidário* é o título do livro publicado em 1865 por [Joaquim de Santa Rosa de] Viterbo (1744-1822), reunindo palavras, termos, frases e expressões que se usavam no Portugal de antanho e hoje caídos em total esquecimento.

O autor aqui anotado é o clérigo inglês, filho de pais franceses, [Rafael] Bluteau (1638-1734), cuja obra representa uma espécie de ponto de ligação entre Portugal e a cultura francesa, sobretudo na divulgação dos escritos de Nicolas Boileau (1636-1711). Viterbo foi também autor do *Vocabulário português e latino* (1712) e das *Prosas portuguesas recitadas em diferentes congressos acadêmicos* (1725).

Oscar [Fingel O'Flahertie Wills] Wilde (1854-1900), escritor, dramaturgo e poeta irlandês premiado, célebre pelos paradoxos desconcertantes e reveladores que marcaram fundamente a sua vida, foi à decadência após envolver-se num escândalo que chocou a sociedade conservadora de seu tempo e o levou à cadeia. Ganhou celebridade com *O retrato de Dorian Gray* e com a peça *Salomé*, ambos de 1891.

65
Lima Barreto detém-se aqui sobre Jackson de Figueiredo [Martins] (1891-1928), jornalista, crítico e ensaísta sergipano que, ao converter-se ao catolicismo em 1918, fundou o Centro Dom Vital, cuja revista *A Ordem* teve influência decisiva na articulação do pensamento conservador nacionalista nas primeiras décadas do século XX. Além de *Humilhados e luminosos* (1921), deixou *Pascal e a inquietação moderna* (1924) e *Do nacionalismo na hora presente*.

Dos autores aqui citados, afora as referências pontuais que aparecem no artigo de Lima Barreto, o poeta Melo Leite como que desaparece; de Juca Magalhães, sequer pudemos localizar as informações biográficas; e de Uriel Tavares, o poeta de *Flores ao vento*, conseguimos saber apenas que nasceu em 1891: em seguida como que se esfuma no panorama literário da época, sem qualquer contribuição ao nosso alcance. O único que permanece à vista, depois da recensão de Lima Barreto, é Pedro Kilkerry (1885-1917), poeta cujo lirismo lúcido e crítico transita entre os experimentos formais e o voo imaginário para as esferas metafísicas hauridas no solipsismo desagregador da poesia francesa da época. Kilkerry não deixou livro impresso; apenas um legado de cerca de cinquenta textos, entre poesia e prosa, que só recentemente foram avaliados como merecem, graças à intervenção dos poetas concretistas de São Paulo, Augusto de Campos à frente.

## 66
[João] Enéas [Marcondes] Ferraz [Filho] (1896-1977), escritor paulista radicado no Rio de Janeiro, fez carreira como auxiliar de consulado no ministério das Relações Exteriores. É autor, além da *História de João Crispim* (1922), do livro *Crianças mortas* (1947).

Lima Barreto alude aqui à precisão das cenas descritas por Enéas Ferraz, comparando-as com a nitidez das litografias de [Honoré] Daumier (1808-1879), o grande mestre da litografia, a ponto de haver sido considerado um dos pioneiros do naturalismo.

## 67
O mineiro João Lúcio [Brandão] (1875-1948) foi redator do jornal *O Comércio de São Paulo*, onde trabalhou em companhia de Eduardo Prado e Afonso Arinos. Foi membro da Academia Mineira de Letras, sendo autor, entre outros, de *Lápides* (1903) e do romance *Bom viver* (1917).

Alusão ao escritor e jornalista pernambucano [José] Lucilo [Ramos] Varejão (1892-1965), que, além de *O destino da Escolástica*, resenhado por Lima Barreto, publicou contos e romances em livros como *Teia de desejos* (1924), *O lobo e a ovelha* (1935) e *O passo errado* (1946).

## 68
Nestor Vitor [dos Santos] (1868-1932), poeta, contista, ensaísta e romancista paranaense que se notabilizou por haver divulgado a obra do poeta negro Cruz e Sousa (1861-1898). Foi membro do grupo da revista *Festa* e autor de *Signos* (1897), *Amigos* (1900) e *A crítica de ontem* (1919), entre outros.

Os autores referidos são [Charles] Lamb (1775-1835), poeta, escritor e ensaísta inglês, autor de *Tales of Shakespeare* (1807), da novela *Rosamund Gray* (1798), além de *The essays of Ella* (1823), entre outros livros; e [William Makepeace] Thackeray (1811-1863), escritor inglês autor do romance *Vanity fair* (1847), que lhe valeu grande distinção por toda a Europa, e das *Aventuras de Barry Lindon* (1854).

69
Rafael [Bordalo] Pinheiro (1846-1905), desenhador, aquarelista e jornalista português, cuja presença representou um enorme avanço para o cenário gráfico da imprensa em Portugal, foi também diretor do magazine literário *Figuras e Figurões* (1905), publicação que reproduziu no Brasil, segundo a historiadora Ana Luísa Martins, o modelo de sucesso conseguido na Argentina pela célebre revista *Caras y Caretas*.

Referência de Lima Barreto ao maestro italiano Giacomo Puccini (1858-1924), autor de óperas como *Mme. Butterfly*, *La Bohème* e *Tosca*, entre outras obras-primas.

70
Hermes [Floro Bartolomeu Martins de Araújo] Fontes (1888-1930), poeta simbolista fluminense, foi caricaturista do jornal *O Bibliógrafo* e trabalhou em jornais como *Correio Paulistano* e *Diário de Notícias* e em revistas como a *Fon-Fon!* Entre suas obras, contam-se, além de seu livro de estreia, *Apoteoses* (1908), comentado por Lima Barreto, *Microcosmo* (1919) e *A lâmpada velada* (1922).

71
O destinatário da carta é o poeta Carlos [Alberto de Sá] Magalhães (1880-1931), pai do teatrólogo Paulo Magalhães. Conforme Francisco de Assis Barbosa, trabalhou como jornalista no Rio de Janeiro, tendo aí publicado o volume de versos *Poesias*, em 1919.

72
O sergipano Ranulfo [Hora] Prata (1896-1942), destinatário desta carta, era médico e clinicou em Mirassol, no estado de São Paulo, onde hospedou a Lima Barreto por uma temporada. Dei-

xou, como romancista, os livros *O triunfo* (1918), *Dentro da vida* (1922) e *Navios iluminados* (1937), que se passa na cidade de Santos, onde o autor trabalhou como médico da Santa Casa.

# V

# Sobre arte e literatura

Tenciono fazer-te uma encomenda. Livros, sabes. Sei que vais sair de Paris até o dia 20, por isso não ta envio hoje. É para a casa Félix Alcan; e são todas as obras de Schopenhauer, traduzidas para o francês, e uma monografia sobre a filosofia do mesmo, pelo Ribot.

Nisso não há insinuações: é um método de encher a carta. Peço-te que passes por lá e indagues o preço certo. Uma outra coisa também te peço: se vires alguma coisa interessante sobre literatura, artes, história, manda-me dizer. Aí há publicações baratas e preciosas, a esse respeito.

Quando voltares para Paris, escreve-me.

Viste o Louvre? As antiguidades assírias e egípcias? O escriba sentado? E que te parece a pintura, a escultura? Um delírio — não é? Tens ido a exposições? Tens visto tapetes artísticos? E o Père Lachaise? E a Butte? E o Quartier? Os cafés-concertos? Conheces o Corot, o Manet, o Ingres? Já viste o Brunetière? O Mirbeau? O Faguet? O M. Barrès? E o Anatole France? E o Remy? E o Maeterlinck? Deves ir ao teatro deste último e se não me engano é o Gymnase. Foste à Comédie, à Opéra, aos concertos?

Já te estou caceteando. Adeus.[73]

\* \* \*

---

[73] Carta a Mário Galvão, 3 de julho de 1906.

Estou aqui, em casa, há bem uma década; e, como não pretendo ir à cidade senão no começo do ano e não te espero encontrar, escrevo-te esta que te vai causar espanto.

Sabes? Li o Tácito, o Suetônio, o César; o primeiro em português, os dois últimos em francês. Tinha-os em casa desde muito e só agora me deu vontade de lê-los. Meto-me agora no Heródoto. Como estás vendo, estou clássico, mas em francês. Isso não vem ao caso, ou antes, vem porque explica o pedido que te vou fazer. O Calígula me apaixona. Que homem! É uma maravilha. Os compêndios caluniam-no. Com as suas ideias de mestre de escola, estragaram-me por muito tempo o personagem, porque Caio não é homem, Carneiro, é um personagem, é coisa criada pelos homens, não por suas letras, mas pelas suas ideias de certo tempo e instituições. É um Rabelais vivo; é um profundo e largo deboche a um tempo e a uma época.

Lembras-te quando ele levou o exército romano até às praias da Mancha, sem dizer qual o seu desígnio? Lembras-te que todos esperavam uma expedição importante, não é? Quando lá chegou epicamente mandou-o apanhar conchas. Não é o que eu digo, hein?

Foi o Boissier quem, falando de Adriano, me lançou grande luz no espírito sobre o modo de compreender os imperadores romanos; aquele poder soberano, equivalente, no tempo, a um deus, sem caráter preciso, sem limite fixo, aquela vertigem que produzia medo e orgulho — tudo isso me fez estudar melhor o meu Caio César — ou melhor: Calígula.

Vamos ao que serve: há anos vi ou li em tua casa um estudo médico-legal sobre os Césares. Não me lembro de quem é. Se tu sabes, manda-me dizer, estás ouvindo?[74]

\* \* \*

---

[74] Carta a Mário Tibúrcio Gomes Carneiro, 22 de dezembro de 1910.

Não sei bem dizer qual o teatro que prefiro. Nesse particular, como em outros vários assuntos, sou perfeitamente indeciso.

Logo ao ler a sua pergunta, meu caro Senhor Redator, quis responder: o meu teatro é o teatro clássico francês; mas, em seguida, vi que a resposta não era inteiramente verdadeira.

É verdade que gosto muito de Molière e me comovo com a *Phèdre* e a *Athalie*, do doce Racine; mas, em compensação, não morro de amores por Corneille e muito pouco aprecio o Voltaire autor de tragédias.

De resto, fora desse teatro, há Shakespeare, tão diferente dele, impetuoso, desordenado, difuso, mas cuja galeria de heroínas é das mais belas da arte escrita; há Beaumarchais, há Ibsen, o Ibsen do Brand, e há os moderníssimos Maeterlinck, Dermay e Bataille.

Se ainda junta-se a isto que não sou de todo inacessível ao *vaudeville*, aos *couplets* da opereta, há de se ver que das minhas predileções não há uma regra geral a tirar.

Em todo o caso, para melhor esclarecer o meu pensamento, vou lançar mão de um exemplo pitoresco.

Suponha o Senhor Redator que sou convidado para um *five o'clock* (às cinco horas) de uma dama qualquer binocular, e essa dama é feia, cacete, pedante, cheia de prosápias. Vou, chego lá e vejo a criada, que é uma moça bonita, analfabeta e calada.

A quem devo cortejar, a dama pimenteliana ou a criada? Decerto, a criada. É assim o meu gosto.[75]

\* \* \*

Para um desenhista único, para um caricaturista, enfim, para um desenhista comentador diário da vida, da política,

---

[75] Carta ao redator do semanário *A Estação Teatral*, 1910.

dos autores de seus países, a mais alta expressão do seu valor deve ser encontrada nestas duas qualidades primordiais: simplicidade de concepção e clareza de execução.

Eu podia tirar exemplos dos amadores no Forin, no Willete, no Leandro e em outros; mas não há necessidade. Bastam as que ficam, para mostrar que os grandes desenhistas cômicos ou não que notam diariamente a vida, o fazem com simplicidade de concepção e clareza de execução. E Julião Machado? Vamos ver. Tenho aqui, seus, vários desenhos. Um que se refere à moda, intitulado "Audaces", é de uma complicação de clareza e de uma obscuridade de filosofia alemã. [...] Temos outro agora: "A sedução eleitoral" (*O País*, de 5/5/1911). Trata-se do voto concedido às mulheres, por sentença de um juiz, em Portugal. É um díptico (?).

À esquerda, o artista quer mostrar a sedução do eleitor à antiga portuguesa: o carneiro com batatas, maduro, verde etc.; à direita, à moderna: bombons, joias etc. Não contente de pôr tudo isso nos desenhos, Julião ainda põe na legenda. Arre, é demais!

Essa exuberância, essa vontade de escrever, vem de um critério muito singular do ilustre desenhista. Julião Machado, segundo me dizem, é homem culto e ilustrado; e, como entre nós, no nosso meio doutoral e bacharelesco, os artistas são apresentados como ignorantes, ele quer mostrar com as suas legendas, longas, virguladinhas, que não é. Dessa maneira, chega a alcançar a glória. Outro dia, querendo mostrar a estética da ideia de uma senhora maluca ameaçando o respectivo marido porque tinha na carteira mandamentos de coisas comuns, ele, o nosso Julião, põe a coisa na epígrafe do desenho e a repete na legenda. Vejam, se quiserem, n'*O País*, de 15 de maio, o desenho intitulado — "Maníaco".[76]

---

[76] Da crônica "Pintores, desenhistas etc." (1911), em *Feiras e mafuás*, 1953.

* * *

Foi este pavor do auditório que me fez até hoje fugir às conferências. Afinal, este gênero de literatura é uma arte de sociedade — que fica um pouco acima do jogo de prendas e muito abaixo de um *step* qualquer; e eu, apesar de ser um sujeito sociável e que passo, das vinte e quatro horas do dia, mais de quatorze na rua, conversando com pessoas de todas as condições e classes, nunca fui homem de sociedade: sou um bicho do mato.

Muitas vezes todos vós que me ouvis, haveis de formular intimamente, de vós para vós mesmos, ao topardes, em um jornal ou em uma revista, com um soneto ou um artigo, perguntas como estas: para que serve "isto"? Por que se honram os homens que fazem essas coisas, quando, as mais das vezes, se as suas vidas não são cheias de torpes episódios, são, entretanto, as de verdadeiros vagabundos? Como é que todos lhes guardam os nomes e muitos se honram com a sua amizade? Como é que nós os cercamos de honrarias, de estátuas, de bustos, e esquecemos do inventor da utilíssima máquina de costura? Em que pode a Literatura, ou a Arte, contribuir para a felicidade de um povo, de uma nação, da humanidade, enfim?

Tais perguntas, meus senhores e senhoras, constituem em súmula o resumo do problema da importância e do destino da Literatura, que se contém no da Arte em geral. Em redor dele, como todos vós sabeis, muito se há debatido e as mais contrárias teorias têm sido construídas para resolvê-lo.

Filósofos e moralistas, sociólogos e doutrinários de toda a sorte têm-no discutido. Muitos, para condenar a Arte, em conjunto, ou tão somente a Literatura; outros, para exaltá-la. Platão que, com o ser grande filósofo, não deixava de ser também um grande poeta, não admitia artistas do verso na sua República ideal.

O debate a esse respeito não está encerrado, e nunca ficará encerrado enquanto não concordarem os sábios e as autoridades no assunto que o fenômeno artístico é um fenômeno social e o da Arte é social para não dizer sociológico.

Como os senhores sabem perfeitamente, entre as muitas ciências ocultas e destinadas a iniciados que ultimamente têm surgido, há uma que pretende ser a da teoria geral da Arte.

Segundo Tolstói, na sua sólida e acessível obra — *O que é a Arte?* —, o fundador dessa absconsa ciência foi o filósofo alemão Baumgarten, que a definia como tendo por objeto o conhecimento da Beleza, sendo que esta é o perfeito ou o absoluto, percebido pelos sentidos, e tem por destino deleitar e excitar este ou aquele desejo nosso.

Uma porção de definições da ciência estética se baseia, como esta, na beleza, tendo cada uma delas, por sua vez, um determinado critério do que seja Belo, do que seja Beleza.

Deixo de citar muitas, entre as quais a de Hegel, que é muito interessante, para não me tornar fastidioso, tanto mais que estou longe dos meus livros e dos meus apontamentos; mas, se algum dos ouvintes quiser ter o trabalho de ler muitas delas, pode procurá-las no livro de Tolstói que citei, e de que, como nos de Taine, de Guyau, de Brunetière e outros, me sirvo aqui, com mais ou menos liberdade, em virtude de não tê-los à mão.[77]

\* \* \*

Essas definições de Arte, em que se inclui a Literatura, sugerem logo a interrogação: o que é a Beleza?

A Beleza, para Taine, é a manifestação, por meio dos elementos artísticos e literários, do caráter essencial de uma

---

[77] Da conferência "O destino da literatura" (1921), em *Impressões de leitura*, 1956.

ideia mais completamente do que ela se acha expressa nos fatos reais.

Portanto, ela já não está na forma, no encanto plástico, na proporção e harmonia das partes, como querem os helenizantes de última hora e dentro de cuja concepção muitas vezes não cabem as grandes obras modernas, e, mesmo, algumas antigas.

Não é um caráter extrínseco da obra, mas intrínseco, perante o qual aquele pouco vale. É a substância da obra, não são as suas aparências.

Sendo assim, a importância da obra literária que se quer bela sem desprezar os atributos externos de perfeição de forma, de estilo, de correção gramatical, de ritmo vocabular, de jogo e equilíbrio das partes em vista de um fim, de obter unidade na variedade; uma tal importância, dizia eu, deve residir na exteriorização de um certo e determinado pensamento de interesse humano, que fale do problema angustioso do nosso destino em face do Infinito e do Mistério que nos cerca, e aluda às questões de nossa conduta na vida.

É, em outras palavras, o parecer de Brunetière.

Tomo, como exemplo, um livro famoso, hoje universal — o *Crime e castigo*, de Dostoiévski — que deveis conhecer.[78]

* * *

Concluí que de todo não abandonaste a poesia. Parece-me que a poesia é assim como aquela túnica mitológica. Uma vez posta sobre o corpo, quando se a quer arrancar, os pedaços ficam grudados nele valentemente. E depois para que arrancá-la?

A uma vida insatisfeita, insatisfeita porque sobretudo é

---

[78] Da conferência "O destino da literatura", em *Impressões de leitura*, 1956.

uma vida inteligente, a poesia dá satisfações extraordinárias, liberta-nos, transporta-nos a mundos diferentes daquele em que vivemos...

"*Par delà les soleils...*"

Tu te lembras?[79]

\* \* \*

Li o teu artigo sobre o pano do [Eliseu] Visconti [no Teatro Municipal do Rio de Janeiro]. Não sei se terás razão. Eu não o vi, mas penso que nós estamos a julgá-lo de acordo com o clássico. Quem sabe se ele não faz ou traz uma revolução útil? Por que um pano de boca, tendo um determinado tema, não o pode desenvolver com os meios que nos fornece a nossa vida comum? Lembras-te bem que para se introduzir a criada ou criado na literatura foi preciso grande revolução e que, durante muito tempo, só as pessoas de condição real e soberana, ou os heróis extraordinários, podiam interessar as artes.

Tenho para mim que a gente não deve nunca esquecer a velha lição dos mestres holandeses. Eles pintaram umas coisas muito familiares, muito sem importância, e fizeram obras-primas.

Eu não vi o pano do Visconti; mas, julgo, que se fez com arte o desenvolvimento do tema, empregando quitandeiros, pretos, populares, dançarinas, retratos de homens eminentes, fez coisa legítima.

Agora, se não fez com arte, a culpa não é dos elementos de que lançou mão e ele devia ter ficado no clássico Apolo e as Musas no Parnaso.[80]

---

[79] Carta a Otávio Augusto Inglês de Sousa, 1906, sem data.
[80] Carta a Corinto da Fonseca, 14 de julho de 1909.

\* \* \*

Logo que me meti em coisas de letras, vim dar de cara com essa sabedoria transcendente e assustadora: "entender de teatro".

Eu acabava de abandonar uma escola de matemática e não queria mais enfronhar-me em coisas difíceis, amofinar-me com caceteações para minha duvidosa inteligência.

Via o Antônio, via o meu amigo Castro Lopes, via o estimável J. Brito, via o meu amigo e antigo colega Júlio Tapajós falarem misteriosamente sobre a tal coisa de entender de teatro que fugi dele, como tenho fugido à mecânica e como ainda hoje fujo às ciências ocultas.

Por fim, porém, tomei ânimo e comecei a examinar as coisas. Não só li autores, como também passei cerca de dez dias mergulhado e interessado pelo que se passava em um modesto "mambembe", onde, como maestro, figurava um parente meu, muito da minha estima e consideração.

Lá vi ensaiar, marcar, representar uma série de peças que não vêm mais ao cartaz aqui, mas cujo preparo para serem levadas à cena mostrou-me o que a tal sabedoria teatral é e vale. Fui mesmo bilheteiro quando a companhia foi dar espetáculo numa pequena povoação dos arredores de Juiz de Fora. Voltei, se não empenhado no saber teatral, pelo menos com conhecimento bastante para julgá-lo em juízo.

No "mambembe" levou-me o método que tenho seguido nessas coisas de letras: ver eu fazer a coisa em pequenas proporções, tateando, para depois lançar-me de vez e com segurança nos tentames mais avultados.

Não se assustem. Continuo a ter medo das atrizes e nada tentarei no palco. Adiante...

Concluí então que aquilo que os meus amigos consideravam sabedoria teatral, quando não eram vagas teorias muito discutíveis, em preceitos cabíveis a todas as artes: conhecimento do público, ótica do gênero, intuição de efeitos etc.; era simplesmente técnica de cenógrafo, de contrarregra e de ator, propriamente destes, técnica que nada tinha a ver com a arte de escrever para teatro.

É ingênuo supor que um cidadão que se propõe a escrever um drama, não pense logo nos efeitos, na extensão das cenas e seu incremento, e não saiba pela leitura dos grandes autores e dos mestres de que maneira mais ou menos deve tratar do assunto para pô-lo no quadro do gênero que vai tentar. De resto, ele tem os ensaios e por aí pode julgar.

E, entretanto, tudo isso pode ser vão, porque uma peça nunca é feita para o espectador, mas para espectadores, havendo reações múltiplas de um sobre outro, que não são passíveis de previsão e de medida. Mas, voltemos à sabedoria teatral...

Imaginem os senhores que o meu vizinho quer tentar a literatura, o romance, a novela, o conto, e vem pedir-me conselhos. A minha autoridade é pouca; o melhor seria ele dirigir-se a Coelho Neto, cuja glória repousa sobre a biblioteca de Alexandria; mas... o menino vem... Estou próximo e sou mais velho — circunstância que muitas vezes forma um conselheiro. Vem, e eu, em vez de dizer-lhe: escreve muito, a todo momento, narre as suas emoções, os seus pensamentos, descubra a alma dos outros, tente ver as coisas, o ar, as árvores e o mar, de modo pessoal, procure o invisível no visível, aproxime tudo em um só pensamento; em vez de dizer-lhe tudo isso e mais, digo-lhe: aprenda tipografia, xilografia, zincografia etc.

Pois assim são as tais pessoas que se convenceram que há uma sabedoria teatral, à parte da arte geral de escrever.

Propondo-me a fazer peças, dramas, comédias, eu nada tenho com o *métier* de ator, ou mesmo de atriz, de cenógrafo etc.; eu nada tenho a ver com "comprimentos, esquerdas altas ou baixas"; o que tenho a fazer é desenhar caracteres, pintar as paixões, pôr uns e outros em conflitos, observar costumes, fazer rir, comover, isso tudo em língua literária e adequada ao gênero da peça que quero representar.

É isto; o mais, meus amigos, é com os outros, o ensaiador, o ponto, o marcador, o cenógrafo, o contrarregra, o carpinteiro, o gasista e os atores também, tendo cada um deles a sua glória e o seu mérito próprios.

Se assim não fosse, os atores e as atrizes, pois os há instruídos e que julgo capazes, aqui e além-mar, seriam os melhores autores deste mundo; entretanto, isso não se dá e de há muito que os Shakespeares e os Molières não se repetem.[81]

\* \* \*

O Teatro Municipal! É inviável. A razão é simples: é muito grande e luxuoso. Supondo que uma peça do mais acatado dos nossos autores provoque uma enchente, repercuta sobre a opinião, haverá no Rio de Janeiro e arredores, inclusive o Méier e Petrópolis, gente suficientemente encasacada para enchê-lo dez, vinte ou trinta vezes? Decerto, não. Se ele não se encher pelo menos dez vezes, por peça, a receita dará para custear a montagem, pagar o pessoal etc.? Também não.

De antemão, portanto, pode-se afirmar, deixando de apelar para números exatos, que aquilo não é muito prático, é inviável. Bem: há, adiante, a educação artística da população em representações para plateias vazias? Isso estimula autores que não são nem pateados nem aplaudidos? Até os próprios atores quando olharem as plateias vazias e indiferentes, perderão o passo, o gesto, o entusiasmo, ao declamarem lindas tiradas e tiverem de jogar um diálogo vivo.

Hão de concordar, pois, que isso de representar para

---

[81] Da crônica "Uma coisa puxa a outra... (I)" (1911), em *Impressões de leitura*, 1956.

duas dúzias de cadeiras simplesmente ocupadas e três camarotes abarrotados, não constitui coisa alguma e não merece sacrifício nenhum dos poderes públicos.

Armaram um teatro cheio de mármores, de complicações luxuosas, um teatro que exige casaca, altas *toilettes*, decotes, penteados, diademas, adereços, e querem com ele levantar a arte dramática, apelando para o povo do Rio de Janeiro.

Não se tratava bem de povo, que sempre entra nisso tudo como Pilatos no Credo. Eternamente ele vive longe desses tentames e não é mesmo nele que os governantes pensam quando cogitam dessas coisas.

Para que o tal teatro se pudesse manter era preciso que tivéssemos vinte mil pessoas ricas, verdadeiramente ricas, interessadas por coisas de teatro em português, revezando-se anualmente em representações sucessivas de cinco ou seis peças nacionais.

Ora, isso não há. Não vejo que haja vinte mil pessoas ricas; mas há ricos e ricos.

Não me convém, entretanto, alongar tais considerações, porque entraria no campo do folhetim França Júnior, e isto está desde muito no patriotismo de João Foca.

Há duas ou três mil pessoas abnegadas, que têm grande desejo de animar essas coisas, mas ou não são ricas ou não são suficientemente para virem todas as noites ao Municipal, pagando altos preços pelos seus lugares, gastando *toilettes*, carros etc.

Como querem, então, que um teatro daqueles, cheio de mármores, sanefas, veludos, *vitraux* e dourados, tendo ainda por cima (vá lá) o tal Assírio, interesse a população pela literatura dramática, atraída às representações?

Se o governo municipal tivesse sinceramente o desejo de criar o teatro, a sua ação, para ser eficaz, devia seguir outro caminho.

Vamos ver como. Primeiro: criar na Saúde, na Cidade Nova, no Engenho de Dentro, em Botafogo, pequenos teatros; entregava-os a pequenas empresas, que, mediante módica subvenção, se obrigassem a representar, para a população local (em Botafogo era só para criados, empregados etc.), *Os sete degraus do crime*, *O remorso vivo*, *Os dois garotos*, além de mágicas, pequenas revistas e outras trapalhadas. Nesse primeiro ciclo teatral, devia entrar o Circo Spinelli, o único atestado vivo do nosso espontâneo gosto pelo teatro.

Bem: agora o segundo. Construía a edilidade um pequeno teatro cômodo, mas sem luxo, no centro da cidade e entregava-o a uma companhia mais escolhida que tomasse a peito representar Dona Júlia Lopes, João Luso, Roberto Gomes, Oscar Lopes, isto é, a *troupe* de autores verdadeiramente municipal, sem esquecer alguns autores portugueses e traduções de outros de França e alhures. Este teatro também receberia a sua subvenção, é claro.

Tenhamos desse modo o ensino primário e secundário teatral; então, com o tempo, poderíamos criar o ensino superior, porque não só as vocações iriam aparecendo, como também o hábito de ir ao teatro espalharia o gosto pela casaca. O superior consistiria no ensino da arte de representar, de cenografar, e nas representações de Shakespeare, de Racine, de Ibsen, de Calderón, de Goldoni e os Dumas nacionais que aparecessem.

Não acham justo o programa?[82]

\* \* \*

Tenho dito muitas vezes que o único meio de atrair o público para o nosso teatro era abandonar os moldes estabe-

---

[82] Da crônica "Uma coisa puxa a outra... (II)" (1911), em *Impressões de leitura*, 1956.

lecidos para os vários gêneros de obras teatrais, quebrar, enfim, os quadros e fazer alguma coisa bem bárbara, participando, caso fosse possível, de todos os gêneros, drama, comédia, *vaudeville*, mágica etc., e não sendo nenhum deles. Imagino uma sátira bem larga, bem fora do comum em que se enquadrassem cenas de costumes, de crítica a fatos atuais e, até, pintassem elas coisas sentimentais.

Acabo, agora mesmo, de ler um livro sobre Aristófanes, do bem conhecido helenista francês, Maurice Croiset — *Aristophane et les partis à Athènes*.

E a leitura do livro mais me convenceu que eu devia tentar o gênero. Aqueles *Cavaleiros*, as *Nuvens*, a *Lisístrata* e as suas outras muitas comédias que eram os comentários grotescos, facetos, irônicos, mas meditados, dos acontecimentos sociais de sua terra, encheram-me de um entusiasmo, de imitar, conforme me fosse possível, o inimitável Aristófanes, o sem igual em todas as literaturas dramáticas.

Imagino, mais agora, uma espécie de "parábase" numa grande comédia, ao jeito aristofanesco, comentando o nosso caso tão curioso e atual das "condecorações", em que as vaidades se apertaram as mãos por cima de partidos, e a volúvel e caprichosa gramática portuguesa abençoou tão enternecedora reconciliação. Seria ou não uma coisa de comover a plateia, até às lágrimas, ou talvez até ao riso, que muitas vezes as emoções tristes provocam?

Poderíamos fazer um coro de "almofadinhas" e "melindrosas" que explicariam bem o fervor guerreiro do nosso povo, durante a guerra de que acabamos de sair!

Não dou aqui todo o esboço da peça ou farsa em que medito, porque a gestação não está completa, nem tampouco ainda comuniquei o plano ao meu colaborador Oduvaldo Viana, "rato" de teatro, escritor de grande talento para a cena, como tem provado, e que há de me iniciar nos seus mistérios, porque apesar da minha falada boêmia que está ficando clássica, tenho muito medo das senhoras que pisam o palco e sempre delas fugi.[83]

* * *

O que vimos [na Exposição Etnográfica] é a expressão genuína da arte selvagem dos primitivos povos do continente americano.

Nem há quem se não emocione ao contemplar os espécimes expostos, relembrando, numa sugestiva evocação histórica, os costumes, as guerras ou as religiões dos íncolas amazônicos.

Cada um dos números do catálogo da referida exposição nos traz à lembrança uma reminiscência lendária, nos canta o lirismo indiano dessas raças quase extintas.

Embora não nos julguemos autoridade no assunto, não deixamos contudo de reconhecer que o governo deve mandar examinar detidamente a coleção etnográfica do doutor Jaramillo, não só porque ela nos fala muito da nossa pré-história, como também, e principalmente, porque muitos dos objetos expostos não são encontrados no Museu Nacional.

Falando com franqueza, será bastante vergonhoso para o nosso país se a coleção Jaramillo for adquirida aqui por preço ínfimo para ir figurar em algum museu da velha Europa.

Na impossibilidade de relacionarmos os principais artigos industriais ou artísticos, constantes da exposição, destacamos de entre todos: as "vestimentas-máscaras" usadas nas festas pelos índios *ticunas* e pelos *uitotos* do Alto Içá; os "cestos de palha e ralos de madeira" dos índios *uaupés*, dos *miranhas* e dos *crixanás*, do rio Negro; as "armas de guerra" dos índios *conibos*, dos *ararás* do rio Madeira e dos *jumas*;

---

[83] Da crônica "Eu também" (1919), em *Marginália*, 1953.

duas impressionantes "cabeças mumificadas" de índios *jivaros* do Peru etc.

A esta relação, contudo, devemos acrescentar, num especial destaque, um "trocano" dos índios *uaupés* e dos índios do [rio] Apapóris. Este engenhosíssimo objeto, um dos de mais valor da exposição, desempenha para aqueles povos o papel de telégrafo sem fio, sendo um dos mais frisantes atestados do gênio inventivo dos selvagens.

E, sem mais nos deter neste assunto, deixamos aqui expresso o desejo que temos de ver o Museu Nacional enriquecido com a coleção etnográfica em exposição no Gabinete Português de Leitura.[84]

\* \* \*

*Os discípulos de Chalat ou Chamat tiraram da sua obra regras infalíveis para fazer poetas e poesias e um certo até aplicou a teoria dos erros à sua arte poética.*

*A instrução do grosso dos menestréis bruzundanguenses não permitia esse apelo à matemática; e contentaram-se com umas regras simples que tinham na ponta da língua, como as beatas as rezas que não lhes passam pelo coração, e outros desenvolvimentos teóricos.*

*Era pois essa poética e essa estética que dominavam entre os literatos da Bruzundanga; era assim como o seu dogma de arte donde se originavam as suas fórmulas litúrgicas, o seu ritual, os seus esconjuros, enfim, o seu culto à tal harmonia imitativa, que tanto prezava Chalat.*

*Além desta deusa, havia outras divindades: o ritmo, o estilo, a nobreza das palavras, a aristocracia dos assuntos e dos personagens, quando faziam romances, conto ou drama*

---

[84] Da crônica "Semana artística — I" (1913), em *Impressões de leitura*, 1956.

*e a medição dos versos que exigiam fosse feita como se se tratasse da base de uma triangulação geodésica*. Ninguém, *no entanto, podia sacar-lhes da cabeça uma concepção geral e larga de arte ou obter o motivo deles conceberem separados da obra d'arte, esses acessórios, transformando-os em puros manipansos, fetiches, isolando-os, fazendo-os perder a sua função natural que supõe sempre a obra literária como fim. É ela, a sua concepção, a ideia anterior que a domina e o seu destino necessário, que unicamente regulam o emprego deles, graduam o seu uso, a sua necessidade, e como que ela mesma os dita.*

*Todos os samoiedas limitavam-se, quando se tratava de tais assuntos, a falar muito de um modo confuso, esotericamente, em forma e fundo, com trejeitos de feiticeiros tribais.*

*Não nego que houvesse entre eles alguns de valor, mas os preconceitos da escola os matavam*.[85]

\* \* \*

A Arte, por ser particular e destinar-se a pintar as ações de fora sobre a alma e vice-versa, não pode desprezar o meio, nas suas mínimas particularidades, quando delas precisar.

Tendo que pintar o desgosto de um leproso, como a sua vida evolui, eu não posso me ater abstratamente ao sentimento "desgosto". É meu dever primeiramente dizer que ele é leproso, que é rico, que é burro ou inteligente; e, depois, descrever a sua ambiência, tanto de homens, de coisas, mortas e vivas, para narrar, romancear o desgosto do mesmo leproso. Todos os leprosos não manifestam a sua dor da mesma maneira; e, para se a compreender artisticamente, são precisos, muitas vezes, detalhes que parecem insignificantes.

---

[85] Do capítulo especial "Os samoiedas", em *Os Bruzundangas*, 1923.

Talvez para o psicólogo científico haja, em última análise, só desgosto; mas, para o artista, esse desgosto elementar pode ser revestido de muitas formas derivadas.

A Arte seria uma simples álgebra de sentimentos e pensamentos se não fosse assim, e não teria ela, pelo poder de comover, que é um meio de persuasão, o destino de revelar umas almas às outras, de ligá-las, mostrando-lhes mutuamente as razões de suas dores e alegrias, que os simples fatos desarticulados da vida, vistos pelo comum, não têm o poder de fazer, mas que ela faz, diz e convence, contribuindo para a regra da nossa conduta e esclarecimento do nosso destino.[86]

\* \* \*

A Academia é perfeitamente o cemitério das letras e dos literatos. Os que lá estão não passam de cadáveres bem embalsamados, e muito melhor os mais moços, devido ao aperfeiçoamento atual do processo. O progresso é uma grande coisa...

Muita gente por aí julga que, do império do esquecimento em que a Morte nos faz entrar a todos, se foge com mausoléus vistosos, inscrições de léguas e meia, embalsamamentos, missas de sétimo dia etc. etc.

Alguns com isso escapam, é verdade; mas como o célebre Pechilin, cujo cadáver embalsamado anda aos pontapés no Caju. Não foi esquecido...

Na Academia, há muita gente que tem também essa ingênua crença; e agora, com a herança do velho Alves, é de crer que os marmoristas de carregação, de Gênova, vendam-lhe toneladas de anjos ajoelhados, em postura de reza e ou-

---

[86] Da crônica "Uma fita acadêmica" (1919), em *Feiras e mafuás*, 1953.

tros adornos tumulares, para guarnecer os seus salões e os seus *fauteuils*, ganhando eles muito dinheiro com isso.

Abandonei o propósito de perturbar a paz daquela necrópole egípcia, ou melhor: daquele *columbarium*, porque não é digno da nossa piedade de viventes tal fazer, instigados por quaisquer motivos que sempre hão de partir da nossa condição inferior de seres vivos. Todos os mortos, pensei eu avisadamente, merecem o nosso respeito e piedade.[87]

\* \* \*

Organizar os seus pensamentos, suas ideias, seus atos, num encadeamento lógico e harmônico em que se obedeça a um critério seguro do parentesco deles, da sua semelhança e da sua contiguidade, para se chegar a um determinado objetivo, a uma conclusão visada, não é coisa estimada pela mentalidade nacional.

A seriação natural dos pensamentos, a lucidez e a clareza não são os limites para que tendem as obras e os escritos dos nossos homens. Se começam lúcidos e claros, acabam confusos e obscuros. Há muitos exemplos práticos e teóricos. Nos seus primeiros trabalhos, entendia-se o senhor Araripe Júnior; mas, depois, com a idade e o renome, ele se fez obscuro, confuso e ganhou fama de profundo, de transcendente, porque ninguém o decifrava. Para estudar Poe, começou e não acabou, falando em Ésquilo etc. etc., ocupando páginas e páginas da *Revista Brasileira*.

O senhor Graça Aranha escreveu o *Canaã*, cujo sucesso foi muito bem preparado, sem que, por forma alguma, isso o desmereça. Não era um modelo de clareza e simplicidade, nem mesmo disso se aproximava, nem queria sê-lo; mas era

---

[87] Da crônica "Duas relíquias" (1920), em *Bagatelas*, 1923.

acessível e compreensível. Foi apreciado, consagrado, mas, não se contentou o autor em ser simples romancista que se lê sem trabalho. Quis ter fama de profundo, de filósofo à alemã, e representou e publicou o cerebrino e confuso *Malasarte* e estudos obscuros sobre Ibsen.

Pois bem: o incompreensível do *Malasarte*, do estudo de *Hedda Gabler* deixou longe, na estima dos letrados de boas roupas, o autor inteligível e inteligente do *Canaã*. Viram como são as coisas?[88]

\* \* \*

O homem, por intermédio da Arte, não fica adstrito aos preceitos e preconceitos de seu tempo, de seu nascimento, de sua pátria, de sua raça; ele vai além disso, mais longe que pode, para alcançar a vida total do Universo e incorporar a sua vida na do Mundo.

Mais do que qualquer outra atividade espiritual da nossa espécie, a Arte, especialmente a Literatura, a que me dediquei e com que me casei; mais do que ela nenhum outro qualquer meio de comunicação entre os homens, em virtude mesmo do seu poder de contágio, teve, tem e terá um grande destino na nossa triste Humanidade.

Os homens só dominam os outros animais e conseguem em seu proveito ir captando as forças naturais, porque são inteligentes. A sua verdadeira força é a inteligência; e o progresso e o desenvolvimento desta decorrem do fato de sermos nós animais sociáveis, dispondo de um meio quase perfeito de comunicação, que é a linguagem, com a qual nos é permitido somar e multiplicar a força do pensamento do indivíduo, da família, das nações e das raças, e, até, mesmo, das gerações passadas graças à escrita e à tradição oral que guardam as

---

[88] Da crônica "Método confuso" (1921), em *Feiras e mafuás*, 1953.

cogitações e conquistas mentais delas e as ligam às subsequentes.

A Arte, tendo o poder de transmitir sentimentos e ideias, sob a forma de sentimentos, trabalha pela união da espécie; assim trabalhando, concorre portanto para o seu acréscimo de inteligência e de felicidade.

Ela sempre fez baixar das altas regiões das abstrações da Filosofia e das inacessíveis revelações da Fé, para torná-las sensíveis a todos, as verdades que interessavam e interessam à perfeição da nossa sociedade; ela explicou e explica a dor dos humildes aos poderosos e as angustiosas dúvidas destes, àqueles; ela faz compreender uns aos outros, as almas dos homens dos mais desencontrados nascimentos, das mais dispersas épocas, das mais divergentes raças; ela se apieda tanto do criminoso, do vagabundo, quanto de Napoleão prisioneiro ou de Maria Antonieta subindo à guilhotina; ela, não cansada de ligar as nossas almas, uma às outras, ainda nos liga à árvore, à flor, ao cão, ao rio, ao mar e à estrela inacessível; ela nos faz compreender o Universo, a Terra, Deus e o Mistério que nos cerca, para o qual abre perspectivas infinitas de sonhos e de altos desejos.

Fazendo-nos assim tudo compreender; entrando no segredo das vidas e das coisas, a Literatura reforça o nosso natural sentimento de solidariedade com os nossos semelhantes, explicando-lhes os defeitos, realçando-lhes as qualidades e zombando dos fúteis motivos que nos separam uns dos outros. Ela tende a obrigar a todos a nos tolerarmos e a nos compreendermos; e, por aí, nós nos chegaremos a amar mais perfeitamente na superfície do planeta que rola pelos espaços sem fim. O Amor sabe governar com sabedoria, e acerto, e não é à toa que Dante diz que ele move o Céu e a alta Estrela.

O destino da Literatura é tornar sensível, assimilável, vulgar esse grande ideal de poucos a todos, para que ela cumpra ainda uma vez a sua missão quase divina.

Conquanto não se saiba quando ele será vencedor; conquanto a opinião internada no contrário cubra-nos de ridículo, de chufas e baldões, o heroísmo dos homens de letras, tendo diante dos olhos o exemplo de seus antecessores, pede que todos os que manejam uma pena não esmoreçam no propósito de pregar esse ideal.[89]

\* \* \*

Estava neste "engano ledo e cego" quando me dispus a ler a tal *Klaxon* ou *Clark*. Foi então que descobri que se tratava de uma revista de Arte, de Arte transcendente, destinada a revolucionar a literatura nacional e de outros países, inclusive a Judeia e a Bessarábia.

Disse cá comigo: esses moços tão estimáveis pensam mesmo que nós não sabíamos disso de futurismo? Há vinte anos, ou mais, que se fala nisto e não há quem leia a mais ordinária revista francesa ou o pasquim mais ordinário da Itália que não conheça as cabotinagens do "il Marinetti".

A originalidade desse senhor consiste em negar quando todos dizem sim; em avançar absurdos que ferem, não só o senso comum, mas tudo o que é base e força da humanidade.

O que há de azedume neste artiguete não representa nenhuma hostilidade aos moços que fundaram a *Klaxon*; mas, sim, a manifestação da minha sincera antipatia contra o grotesco "futurismo", que no fundo não é senão brutalidade, grosseria e escatologia, sobretudo esta. Eis aí.[90]

\* \* \*

---

[89] Da conferência "O destino da literatura" (1921), em *Impressões de leitura*, 1956.

[90] Da crônica "O futurismo" (1922), em *Feiras e mafuás*, 1953.

O Rio não dá nada. O *football* veio matar o pequeno interesse que ele tinha pelas coisas nobres do espírito humano. É pegares um jornal daqui ou uma revista e verás que a maior parte dele e dela é tomada com coisas de *sport*, sobretudo de *football*, mesmo no que toca ao noticiário policial. A pouca literatura que sai em jornais daqui é lida por alguns e aborrecida por quase todos. *Football for ever*! Convenceram a todos esses panurgianos daqui que essa história de dar pontapés em bolas, quebrar canelas e braços, é grego ou coisa que valha, e eles levam a vida toda a cogitar nela, não tendo tempo para pensar em outra qualquer coisa.

As bibliotecas vivem às moscas; os museus, os concertos, as exposições de pintura, os arrabaldes pitorescos não têm nenhuma frequência; mas, nos domingos e dias feriados, não há campo de *football* por mais vagabundo que seja, onde não se encontre uma multidão para ver homens possuidores de grandes habilidades nos pés. Depois, à tarde, vêm os "rolos".[91]

REFERÊNCIAS

73
Lima Barreto refere-se, no primeiro parágrafo, ao livro de Théodule-Armand Ribot (1839-1916), considerado o introdutor da psicologia experimental na França, *Philosophie de Schopenhauer*, publicado em 1874, pela editora Félix Alcan.
Na sequência, além de citar os conhecidos pintores [Jean Baptiste Camille] Corot (1796-1875) e [Oscar Claude] Monet (1840-1926), remete aos seguintes autores: o crítico [Ferdinand] Brunetière (1849-1906), que inovou os estudos de história literária com o seu livro *Evolução dos gêneros na história da literatura* (1890);

---

[91] Carta a Lucilo Varejão, 26 de setembro de 1922.

[Octave Henri Marie] Mirbeau (1848-1917), crítico, jornalista e romancista francês adepto das ideias anarquistas, que sobressaem em seu conhecido *Diário de uma criada de quarto* (1900); [Auguste Émile] Faguet (1847-1916), crítico literário e moralista francês que ganhou notoriedade com sua *História da literatura francesa do século XVII aos nossos dias* (1902); e [Maurice] Barrès (1862-1923], célebre defensor dos valores nacionalistas na expressão do pensamento conservador em seu livro *Les deracinés* (1897).

Lima Barreto alude ainda, nesta passagem da carta a Mário Galvão, à tradição viva com que a *butte* de Montmartre, por exemplo, confirmou a expansão dos centros de cultura e de exposições artísticas ao ar livre pelas ruas e praças.

74

Desfigurado desde criança por um terrível acidente que lhe esmagou os pés — conforme nos conta Francisco de Assis Barbosa —, Mário Tibúrcio Gomes Carneiro (1882-1953), a quem esta carta é dirigida, foi amigo de Lima Barreto desde os tempos da Federação dos Estudantes, tendo ainda pertencido ao grupo da revista *Floreal*, fundada por ele em 1907. Contra toda a adversidade que lhe opôs o destino, Mário Tibúrcio logrou transformar-se num estudioso dos códigos do direito militar, deixando vasta obra nessa área, como o estudo *Direito e processo criminal militar* (1919) e muitos outros.

Alusão de Lima Barreto a [Marie-Louis-Antoine-Gaston] Boissier (1823-1908), refinado *scholar* francês que se distinguiu como investigador da Antiguidade clássica e também como secretário da Academia Francesa, além de autor, entre outros, dos livros *A conjuração de Catilina* (1905), *Tácito e outros estudos romanos* (1906) e *Roma e Pompeia* (1908).

75

A presença de [Pierre-Augustin Caron de] Beaumarchais (1732-1799), teatrólogo dobrado de musicista e inventor, revolucionário e espião, e autor de peças célebres como *O barbeiro de Sevilha* (1773) e *O casamento de Fígaro* (1778); de [Henrik] Ibsen (1828-1906), o dramaturgo norueguês libertário e opositor incondicional das convenções sociais e políticas, autor das peças Peer

*Gynt* (1868), *Os espectros* (1881) e *Hedda Gabler* (1890), entre outros; e de [Maurice] Maeterlinck (1862-1949), dramaturgo e ensaísta belga de língua francesa e grande referência do teatro simbolista universal, autor de *Pelléas et Melisande* (1892) e de *L'oiseau bleu* (1908), a presença de todos estes autores ao lado dos clássicos franceses citados no texto revela o nível do interesse e a qualidade das leituras que Lima Barreto dirigia ao teatro e ao seu papel na sociedade de seu tempo.

Com a expressão "dama pimenteliana", Lima Barreto faz uma alusão irônica a Alberto Figueiredo Pimentel (1869-1914), pseudônimo Fifi, conhecido jornalista carioca, criador da seção "Binóculo" da *Gazeta de Notícias*, que ficou célebre pela chamada "O Rio civiliza-se", dos tempos do prefeito Pereira Passos. Deve-se a ele, segundo Raimundo de Meneses, a invenção das batalhas das flores, do corso e dos refinados "chás das cinco", a que Lima Barreto se refere nesta passagem. Fifi era considerado "um conselheiro de moda e elegância" para as senhoras cariocas da época, e tido mesmo por um dos criadores do colunismo social no Brasil. O jornalista Alberto Figueiredo foi também poeta simbolista da geração de Gonzaga Duque.

76
Referência a Julião [Félix] Machado (1863-1930), notável caricaturista angolano do *Diabo Coxo* (1886), que esteve depois no Brasil, onde deixou uma contribuição das mais importantes como renovador gráfico, trabalhando em jornais como *O País*, o *Jornal do Brasil* e revistas como *A Cigarra*.

77
A [Alexander Gottlieb] Baumgarten (1714-1762), filósofo alemão, autor das *Meditações filosóficas sobre as questões da arte poética* (1735), aqui citado por Lima Barreto, é atribuído o mérito de haver considerado, pela primeira vez de forma sistemática, os critérios do conhecimento sensível para o exame e a análise da arte e do belo em geral.

79
"*Par-delà le soleil, par-delà les éthers,/ Par-delà les confins des sphères étoilées*", são o terceiro e o quarto versos da primeira estrofe do poema "Élevation", de Charles Baudelaire (1821-1867).

80
Referência a Eliseu [d'Angelo] Visconti (1866-1944), pintor e desenhista ítalo-brasileiro que fez sua formação em artes plásticas no Liceu de Artes e Ofícios (1883) do Rio de Janeiro e depois na Academia Imperial de Belas Artes (1885), tendo realizado sua primeira exposição na Escola Nacional de Belas Artes, em 1901. A execução do pano de boca do Teatro Municipal do Rio de Janeiro, a que se refere a crônica de Lima Barreto, foi preparada em Paris, entre os anos de 1905 e 1908.

Corinto da Fonseca (1882-?), jornalista e educador carioca, foi também professor de português do Colégio Pedro II e autor, entre outros, de *O ensino profissional em São Paulo* (1918).

81
Sobre Júlio Tapajós, sabe-se que, além de companheiro de Lima Barreto, foi colaborador do semanário ilustrado e humorístico *João Minhoca Theatro Alegre de Bonecos Vivos*, lançado por Belmiro de Almeida, no Rio de Janeiro, em 1901.

82
João Foca, nome artístico de José Batista Coelho (1876-1916), aqui citado por Lima Barreto, é o humorista que compôs, ao lado do maestro Luís Moreira e da bailarina e cantora Abigail Maia, um talentoso trio de artistas itinerantes que fez sucesso pelos espetáculos teatrais e circenses no começo do século. João Foca é autor da peça *O maxixe*, que escreveu em parceria com Bastos Tigre, na qual a atriz Maria Lino lançou à fama a canção "Vem cá, mulata".

Lima Barreto alude nesta crônica aos *Folhetins* (1878), livro em que estão enfeixados os folhetins publicados pelo dramaturgo e jornalista [Joaquim José da] França Júnior (1838-1890), no jornal *Gazeta de Notícias*, do Rio de Janeiro. França Júnior é autor ainda, entre outras, das peças *Caiu o ministério* (1882) e *Cafezeiro* (1890). Pertenceu à Academia Brasileira de Letras.

83
Maurice Croiset (1846-1935), helenista francês e reconhecido autor da *História da literatura grega* (1889), *Sófocles* e *Aristófanes e as festas políticas em Atenas* (ambas de 1909), além de *As ideias morais na eloquência política de Demóstenes: Teseu* (1922).

Oduvaldo Vianna (1892-1972), amigo de Lima Barreto e companheiro das primeiras incursões do romancista pelo universo do teatro, ficou depois conhecido como importante autor, diretor e roteirista de teatro e cinema, alcançando grande sucesso em peças como *O almofadinha* (1919), *O vendedor de ilusões* (1931) e *Bonequinha de seda* (1936).

84
A referência é ao engenheiro Heliodoro Jaramillo, cônsul geral (*ad honorem*) da República da Colômbia no Amazonas durante os primeiros anos do século XX. Além da exposição etnográfica que organizou no Gabinete Português de Leitura do Rio de Janeiro, em 1913, é autor de vários artigos, conferências e livros, entre os quais a *Breve notícia sobre os vales dos rios Purus e Madeira* e de *Afluentes do Amazonas* (Manaus, Livraria e Tipografia M. P. Silva, 1902).

Ainda acerca da exposição no Gabinete Português de Leitura a que se refere Lima Barreto, consta que membros do Instituto Histórico e Geográfico Brasileiro discordaram da avaliação etnográfica feita por ele sobre os objetos ali expostos.

85
Diz-nos Lima Barreto que Chalat ou Chamat era o mestre em cujos escritos os "samoiedas" da Bruzundanga encontram uma espécie de guia intelectual. Tratava-se, no entanto, nos diz ele, "de um aventureiro francês que parece ter estado no país daquela gente ártica [a Bruzundanga], aprendido um pouco da língua dela e se servido do livro do viajante inglês [H. T. Switbilter] para defender uma poética que lhe viera à cabeça".

87
O velho Alves é o livreiro-editor Francisco Alves de Oliveira (1848-1917), gerente-proprietário da Livraria Francisco Alves no Rio de Janeiro, que deixou, ao falecer, toda a sua fortuna para a Academia Brasileira de Letras, exigindo, em contrapartida, que a instituição utilizasse esses fundos na promoção de concursos que premiassem os vencedores das monografias mais originais na área do aprimoramento do ensino e da língua portuguesa no Brasil.

90
Foi Sérgio Buarque de Holanda (1902-1982) quem apresentou a Lima Barreto, em 1922, como emissário dos modernistas de São Paulo, um exemplar da revista *Klaxon*, que circulou de maio daquele ano a janeiro de 1923.

# VI

# De fora do Panteão

Estou aqui [em Mirassol] há um mês, depois de uma viagem por três ou quatro estradas de ferro, viagem que dura em suma trinta horas. Sou hóspede de um jovem médico, o doutor Ranulfo Prata, que muito me admira a literatura e muito me preza. Não quer que eu beba. Ora, Ferraz! Tu sabes bem a que nós somos levados à bebida. Eu sou só e tímido e bobo e idiota e selvagem e doente de imaginação. É preciso um derivativo e esse derivativo é... Imagine tu que essa viagem tão penosa só me aborreceu, porque senti no olhar dos politicões, dos doutores e aventureiros que foram meus companheiros, desprezo e desdém por mim. Talvez seja maluquice...[92]

\* \* \*

Rui [Barbosa], o letrado beneditino das coisas de gramática, artificiosamente artista e estilista, aconselha pelos jornais condutas ao governo. Há dias, ele, no auge da retórica, perpetrou uma extraordinária mentira. Referindo-se ao dia 14, que fora cheio de apreensões, de revoltas e levantes, e à nota trazida a 15, da vitória da "legalidade", disse assim

---

[92] Carta a Enéas Ferraz, 4 de maio de 1921.

da manhã de 15: "fresca, azulada e radiante", quando toda a gente sabe que essa manhã foi chuvosa, ventosa e hedionda.

Até onde leva a retórica; e depois...[93]

\* \* \*

É um tipo de literato do Brasil, esse meu amigo [Bastos] Tigre, inteligente, pouco estudioso, fértil, que usa da literatura como um conquistador usa das roupas — adquirir mulheres, de toda a casta e condição.

Ia ao Democráticos com o Domingos [Ribeiro Filho], que é também literato, e daqueles que pensam que o literato deve ser o inimigo do casamento, da moral, das coisas estabelecidas, com tintas de darwinismo e haeckelismo, velhas coisas que ele pensa novas, [e que] escreveu um romance rebarbativo e idiota para fazer constar que é um voluptuoso, um lascivo, e põe-se nas ruas a fazer os mais baixos comentários sobre as mulheres que passam: "Que peixão! Que bunda! Oh! A carne!" Isso, aquilo![94]

\* \* \*

*Eu não sou literato, detesto com toda a paixão essa espécie de animal. O que observei neles foi o bastante para não os amar, nem os imitar. São em geral de uma lastimável limitação de ideias, cheios de fórmulas, de receitas, curvados aos fortes e às ideias vencedoras, e antigas, adstritos a um infantil fetichismo de estilo e guiados por conceitos obsoletos e um pueril e errôneo critério de beleza.*[95]

---

[93] *Diário íntimo*, 22 de novembro de 1904.

[94] *Diário íntimo*, 24 de janeiro de 1905.

[95] *Recordações do escrivão Isaías Caminha*, 1909.

* * *

Pelas vésperas do Natal, fui ao [José] Veríssimo, eu e o Manuel Ribeiro. Recebeu-nos afetuosamente. Ribeiro falou muito, doidamente, difusamente; eu estive calado, ouvi, dei uma opinião aqui e ali. Deu-me conselhos, leu-me Flaubert e Renan, aconselhando aos jovens escritores. Falou da nossa literatura sem sinceridade, cerebral e artificial. Sempre achei a condição para obra superior a mais cega e mais absoluta sinceridade. O jato interior que a determina é irresistível e o poder de comunicação que transmite à palavra morta é de vivificar. Agora mesmo acabo de ler o Carlyle, *Hero worship*, no herói profeta, Maomé, que ele diz ser um sincero, acrescentando: "I should say *sincerity*, a deep, great, genuine sincerity is the first characteristic of all men in any way heroic". O Veríssimo disse coisa semelhante, dizendo-nos que a glória dos segundos românticos, do [Castro] Alves, do Fagundes [Varela], do Laurindo, do Casimiro, era imperecível, tinha-se incorporado à sorte da nação, porque eles tinham sido sobretudo sinceros. Concordei, porque me acredito sincero.[96]

* * *

Quando Flaubert esteve no Egito, encontrou um certo Chamas, francês de origem, que, de aventura a aventura, havia chegado a ser médico em chefe do exército quedival. Esse medicastro empregava o seu ócio em rimar uma tragédia clássica, intitulada *Abd-El-Káder*, em cinco atos, cujo verso mais citado por ele era o seguinte:
"*C'est de là, par Allah! qu'Abd'Allah s'en alla!*"

---

[96] *Diário íntimo*, 5 de janeiro de 1908.

De fora do Panteão

Dizia ele que isto era o que os antigos chamavam a harmonia imitativa. Aí se percebia perfeitamente o galope do cavalo:
"*Alada planta fenda as vastidões noturnas,
Ou bruta pata passe e pise, à pressa, poças* [...]".[97]

\* \* \*

A *Notícia* de 9 de agosto de 1914: Afrânio Peixoto, "isto é metonímia", quando foi por sinédoque.[98]

\* \* \*

Hoje, 7 de março de 1917, estive no Garnier, como ontem, como anteontem. Vou agora lá sempre rondar. Troquei palavras com este, com aquele, e cada vez me capacito mais de que eles não têm nenhum ideal de Arte. São muito inteligentes, escrevem e falam como Rui de Pina, mas ideal em Arte não têm nenhum. Não me entendem ao certo e procuram nos meus livros bandalheiras, apelos sexuais, coisa que nunca foi da minha tenção procurar ou esconder.
Chamam-me de pudico. Ora bolas![99]

\* \* \*

*Eu cheguei a entender perfeitamente a língua da Bruzundanga, isto é, a língua falada pela gente instruída e a escrita por escritores que julguei excelentes; mas aquela em que escreviam os literatos importantes, solenes, respeitados, nunca consegui entender, porque redigem eles as suas obras, ou*

---

[97] *Diário íntimo*, outubro de 1911.

[98] *Diário íntimo*, 1914, sem data.

[99] *Diário íntimo*, 7 de março de 1917.

antes, os seus livros, em outra muito diferente da usual, outra essa que consideram como sendo a verdadeira, a lídima, justificando isso por ter feição antiga de dois séculos ou três.

Quanto mais incompreensível é ela, mais admirado é o escritor que a escreve, por todos que não lhe entenderam o espírito.[100]

\* \* \*

Os retratos, espalhados pelos quatro cantos do Brasil, tinham tornado familiar aquela fisionomia; mas, de perto, ali a dois passos de mim, o seu olhar fixo, atrás de fortes lentes, a testa baixa e fugidia, quase me fizeram duvidar que fosse aquele o Veiga Filho, o grande romancista de luxuoso vocabulário, o fecundo conteur, o enfático escritor a quem eu me tinha habituado a admirar desde os quatorze anos... Era aquele o homem extraordinário que a gente tinha que ler com um dicionário na mão? Era aquela a forte celebração literária que escrevia dois e três volumes por ano e cuja glória repousava sobre uma biblioteca inteira?

— Veiga — disse [o crítico] Floc depois dos cumprimentos —, gostei muito da tua conferência. Foi uma epopeia, uma ode triunfal ao grande corso.

— Houve pedacinhos lindos — intrometeu-se o Oliveira. — Quando, por exemplo, o doutor falou naquele inglês lá da ilha que tinha feito sofrer "o último grande homem da nossa espécie", foi como se eu tivesse visto o próprio Napoleão — grande, alto, com aquele cavanhaque.

— Napoleão era baixo e não tinha barba — disse alguém.

---

[100] Do capítulo especial "Os samoiedas" (1917), em *Os Bruzundangas*, 1923.

— *É um modo de dizer, quero falar na figura, na... Era extraordinário mesmo!* E a gente — continuou Oliveira —, *e a gente fica admirado que um homem desses tenha sido cercado, acuado em Sedan!*
— *Em Waterloo, é que você quer dizer...*
— *Em Waterloo! Não foi em Sedan?* O Zola, na Derrocada... *Eu li!*
— *Ah! Isto é Napoleão III* — acudiu Floc.
— *É verdade!* — fez o Oliveira. — *Que confusão!*
Veiga Filho passeava o olhar pela sala [da redação do jornal], *distraído, sem dar grande atenção ao Oliveira. Digeriu o seu triunfo e só saiu dessa digestão difícil, quando Floc lhe disse:*
— *E quanta gente! Muitas senhoras... moças... gente fina... Estavam as Wallesteins, as Bostocks, as Clarks Walkovers... Podes te gabar que tens o melhor auditório feminino da cidade... Nem o Bilac.*
*Por aí os seus olhos tiveram uma grande e forte expressão de triunfo. Disfarçou com um movimento de modéstia e perguntou:*
— *Já deste a notícia?*
— *Ainda não; não tenho tempo... Vou ao banquete do ministro e...*
— *Quando a vais fazer?*
— *Hoje não posso, vou ao banquete; mas o Leporace podia dar...* Leporace (gritou para o secretário), escreve a notícia da conferência do Veiga!
— *Não tenho tempo* — objetou o fanhoso secretário, *aproximando-se do grupo.*
*Durante minutos estiveram discutindo quem devia dar ou não a notícia, sem chegar a um acordo. Leporace, então, lembrou que o próprio Veiga Filho a fizesse:*
— *Estás doido!* — objetou o romancista. — *Não viste o que aconteceu da outra vez? Que diriam?*

— Ora! Que tolice! Como se houvesse alguém que acreditasse no murmúrio desses literatecos... Umas bestas, uns vagabundos: escreve, anda!

A sua natureza de boa-fé e complacente fê-lo aceder.[101]

\* \* \*

O senhor Coelho Neto é o sujeito mais nefasto que tem aparecido no nosso meio intelectual.

Sem visão da nossa vida, sem simpatia por ela, sem vigor de estudos, sem um critério filosófico ou social seguro, o senhor Neto transformou toda a arte de escrever em pura *chinoiserie* de estilo e fraseado.

Ninguém lhe peça um pensamento, um julgamento sobre a nossa vida urbana ou rural; ninguém lhe peça um entendimento mais perfeito de qualquer dos tipos da nossa população: isso, ele não sabe dar.

Coelho Neto fossilizou-se na bodega do que ele chama estilo, música do período, imagens peregrinas e outras coisas que são o cortejo da arte de escrever, que são os seus meios de comunicação, de sedução, mas não são o fim próprio da literatura.

Os estudos do senhor Coelho Neto sempre foram insuficientes; ele não viu que um literato, um romancista não pode ficar adstrito a esse aspecto aparente de sua arte; ele nunca teve a intuição de que era preciso ir mais além das antíteses e das comparações brilhantes. Tomou a nuvem por Juno, daí o seu insucesso, a fraqueza dos seus livros, a insuficiência da sua comunicação afetuosa, de forma que os seus livros não vivem por si, mas pela *réclame* que lhes é feita.

Ele nunca viu o encadeamento das ideias e dos sentimentos pelo tempo afora; ele nunca pôde perceber que nós hoje

---

[101] *Recordações do escrivão Isaías Caminha*, 1909.

não podemos sentir como a Grécia e que os seus Deuses nos são estranhos perfeitamente e quase incompreensíveis.

Ele não quer que o público brasileiro veja no movimento literário uma atividade tão forte que possa exigir o desprendimento total da pessoa humana que a ele se dedique. Devia preferir, entretanto, ensinar aos brasileiros que a literatura é um sacerdócio. Está no Carlyle; e não cito em inglês para não aborrecer o Azevedo Amaral.[102]

\* \* \*

O Raul Pederneiras fez concurso de anatomia artística, de que deve entender muito pouco. Agora, está tratando de fazer de grego, de que estudou umas coisinhas no Ginásio.

Que homem e que país![103]

\* \* \*

— *O doutor é formado em Direito? — indaguei por minha vez.*

— *Não. Formei-me em Línguas Orientais e Exegese Bíblica, na Universidade de Sófia, tendo começado o curso no Cairo.*

*Disfarcei a vontade que me deu de rir, ouvindo tão extravagante título escolar. Havia alguma coisa de opereta, mas o homem era tão simpático, tinha sido tão amável e parecia tão ilustrado que me esforcei por sujeitar o meu ímpeto de rir, soltando uma frase à toa:*

— *Na Europa, o homem de estudo tem campo, sabe onde deve chegar; aqui...*

---

[102] Da crônica "Histrião ou literato?" (1918), em *Impressões de leitura*, 1956.

[103] *Diário íntimo*, 18 de junho de 1917.

— Qual, doutor! Não há como a sua terra! A questão é pendurar, quando se entra, a sobrecasaca de cavalheiro no Pão de Açúcar; e no mais — tudo vai às mil maravilhas![104]

\* \* \*

Je pretendo go sunday, 16, vers Rio de Janeiro. Eu can't remain plus Inconfidentes, because molto insípido. Peço ne say pas ad nenhum man. Already fossei entièrement library de Alvim and agente del Post. Ici, il ne there is pas fruits e ni horses nem merry lugares. You pode to end de envoyer newspapers for moi. Muchas gracias a usted. Responda: non se merece. Farwell et eu believe arriver in Rio (Cascadura) seventeen, at seven o'clock a.m.[105]

\* \* \*

Não há dúvida alguma que o Brasil é um país para ser embasbacado. Não há cidadão que aqui chegue com duas ou três bobagens nas malas que não nos cause pasmo.

Uma hora, é certo sujeito que se diz portador de um remédio eficaz para dores de dentes; outra é um tipo que se intitula Rafael em cinco minutos, pintando bambochatas que o gentio admira, porque nunca foi à mais modesta exposição de pinturas da cidade.

Agora, aparece um cidadão de ultramar que se diz inovador e criador de uma nova escola literária.

Leio-lhe os escritos e procuro a novidade. Onde está ela? Em parte alguma. O que há neles é berreiro e vociferações, manifestações de vaidade e impotência de criação; mas ele berra e diz lindezas como esta:

---

[104] *Recordações do escrivão Isaías Caminha*, 1909.

[105] Carta a Antônio Noronha Santos, 9 de julho de 1916.

"*Na noite estrelada, a lua voga como num rio de leite; mas não há leite. O que há então? O sol que vem depois de amanhã.*"

Está aí a arte nova, a escola do "ferro" que vem nos ensinar literatura por "mares nunca dantes navegados".

Para nos ensinar semelhantes coisas, era melhor que semelhante homem não se abalançasse a tal proeza e ficasse em sua casa, sorvendo o seu caldo de unto e tomando o seu verdasco. Nós já sabíamos tudo isto, embora o Brasil seja um país de bugres e de negros.

Há, porém, uma instituição que nos faz conhecer estas coisas de novidades forçadas, e não falta em nenhum país.

É o hospício de malucos, onde há grande cópia de erotômanos e exibicionistas.

A Arte e a Literatura são coisas sérias, pelas quais podemos enlouquecer — não há dúvida; mas, em primeiro lugar, precisamos fazê-la com todo o ardor e sinceridade. Não é o canto da araponga que parece malhar ferro, mas nem sabe o que é bigorna.[106]

\* \* \*

— *Oh! Senhor Gonzaga de Sá, ande!*
— *Tu!*
— *À sua espera.*
— *Já viste os novos selos? Não te falei ontem em emblemas? Viste?*
— *Alguns.*
— *É bom ver. Tenho aqui de dez réis, vinte, cinquenta, cem, duzentos e quatrocentos.*

---

[106] Da crônica "Estética do ferro" (sem data), em *Impressões de leitura*, 1956.

— O senhor faz coleção?
— Não. Amo os homens ilustres e os selos trazem as efígies de alguns deles. Temos aqui: Aristides Lobo, Benjamim Constant, Pedr'Álvares [Cabral], Wandenkolk, Deodoro [da Fonseca] e Prudente [de Morais].
— Ideia feliz.
— Pena é que, ao lado, não tragam alguns dados biográficos, para que os pósteros saibam quem foram; e boas sentenças morais, para edificação dos contemporâneos e dos pósteros.
— A ideia é excelente.
— Teríamos, assim, o Plutarco brasileiro *em franquias postais*. Embora sem isso, provocam reflexões estes selos. Quando olhares em Aristides Lobo, dez réis, dirás lá contigo: está aí um homem que nasceu para dez réis — o que não aconteceu com Benjamim, que chegou a vintém. Felizardo! Vá que recebes uma carta urbana. Lá vem Wandenkolk, cor de telha, cem réis. Pensarás de ti para ti — como foi longe! E não é tudo... Se ao mesmo tempo tivermos um Deodoro, verdoengo, duzentos réis, um Prudente, acinzentado, quatrocentos réis, e um Pedr'Álvares, só cinquenta réis; e os outros? Eis aí como estava a pensar sobre os selos, e pensar sobre selos é dos mais modestos propósitos intelectuais. Não te parece?[107]

\* \* \*

Tendo aconchegado bem no duro banco, os seus vastos anos cheios de meditações e cisma, Gonzaga de Sá noticiou-me:
— O barão hoje de manhã recebeu um poeta.
— E daí?

---

[107] *Vida e morte de M. J. Gonzaga de Sá*, 1919.

— O poeta, extraordinariamente inquieto, visivelmente embaraçado, foi-lhe perguntar se devia grafar amor com maiúscula.

— E o Rio Branco?

— Que não era conveniente no meio do verso; mas, no começo, quase se impunha.

— Tenho satisfação em ver de que modo superior vai o barão influindo nas nossas letras.

— E com espírito!... Ah! O barão!

Gonzaga de Sá não pôde deixar-se ficar no êxtase que esse título lhe provocava, apesar de achar o Paranhos, como ele chamava às vezes o ministro, uma mediocridade supimpa, fora do seu tempo, sempre com o ideal voltado para as tolices diplomáticas e não com a inteligência dirigida para a sua época. Era um atrasado, que a ganância das gazetas sagrou e a bobagem da multidão fez um deus. O que Gonzaga admirava era o título dado pelo imperador. Por essa ocasião, ao pensar eu nisto, repimpado em um luxuoso automóvel de capota arriada, passou, com o ventre proeminente atraído pelos astros, o poderoso ministro de Estrangeiros. Ao ver através das grades do jardim passar o barão, desdenhoso e enjoado, Gonzaga de Sá me disse:

— Este Juca Paranhos (era outro modo dele tratar o barão do Rio Branco) faz do Rio de Janeiro a sua chácara...[108]

REFERÊNCIAS

92
Em princípios de 1921, Lima Barreto foi convidado pelo médico Ranulfo Prata, também escritor, a passar uns tempos na cida-

---

[108] *Vida e morte de M. J. Gonzaga de Sá*, 1919.

de de Mirassol, no interior paulista, onde Prata clinicava, para recuperar-se dos efeitos do álcool.

## 94
Domingos Ribeiro Filho (1875-1942), romancista e jornalista de Macaé, foi anarquista contumaz e seguidor de Kropótkin, tendo, na mocidade, sido colega de trabalho do amanuense Lima Barreto. É autor do romance *O cravo vermelho* (1907).

## 96
Lima Barreto se refere a Manuel Ribeiro de Almeida, um dos amigos que integraram o grupo da revista *Floreal* (1907).

## 98
Lima Barreto investe nesta passagem contra o professor, acadêmico, ensaísta, crítico literário e escritor baiano Afrânio Peixoto (1876-1947), autor de romances como *A esfinge* (1911) e *Fruta do mato* (1920), o grande responsável pela birra de Lima contra a literatura "sorriso da sociedade".

Aqui, ao aproximar o título do jornal, *A Notícia*, e o nome do escritor que era praticamente uma unanimidade em sua época, Lima Barreto deixa claro que não se trata aí de um procedimento de *metonímia*, que nomeia "a qualidade pelo qualificado" (o que confirmaria a "grandeza" de Afrânio), mas sim de *sinédoque*, que indica "o significado real pelo referente mentado", com o que contrapõe a fama de Peixoto à realidade dos fatos, que, como hoje se sabe, não eram tão favoráveis ao escritor baiano como então se imaginava.

## 101
A cena descrita por Isaías Caminha, na qual comparece mais uma vez o crítico literário Floc, se passa na redação de *O Globo*.

## 102
Referência ao matemático [Inácio Manuel] Azevedo Amaral (1889-1950), que chegou a reitor da Universidade do Brasil, mas ficou conhecido como grande cultor da retórica e da arte de falar em público.

## 103

Raul [Paranhos] Pederneiras (1874-1953), poeta, caricaturista, teatrólogo e escritor carioca, além de colaborador de periódicos importantes como *Fon-Fon!*, *O Malho*, *D. Quixote* e *Jornal do Brasil*, destacou-se ao lado de K. Lixto e J. Carlos como um dos caricaturistas mais expressivos de sua época. É autor, entre outros, de *Versos* (1900) e *Musa travessa* (1936). Foi ainda professor de Anatomia e Fisiologia Artística na Escola Nacional de Belas Artes.

## 104

Isaías Caminha, num diálogo com o personagem Gregoróvitch, em passagem do terceiro capítulo das *Recordações*.

## 107

Nesta passagem em que o protagonista Gonzaga de Sá passeia com o narrador Augusto Machado, no romance *Vida e morte de M. J. Gonzaga de Sá*, os "homens ilustres" citados são: Aristides [da Silveira] Lobo (1838-1896), jurista, político e jornalista paraibano, abolicionista da primeira hora, que fundou, ao lado de Pedro Meireles, Lafayette Coutinho e Salvador de Mendonça o jornal de propaganda antimonarquista *A República*, de onde saiu a ideia do Manifesto de 1870, que alastrou o ideário insurrecional para todo o país. Foi membro da Academia Paraibana de Letras.

Benjamim Constant [Botelho de Magalhães] (1836-1891), professor, militar e estadista brasileiro que participou da Guerra do Paraguai (1865-1870) e foi mentor das ideias positivistas. Lecionou no Instituto Militar de Engenharia, e se destacou como um dos principais líderes do movimento insurrecional que depôs o imperador Pedro II, em 1889.

[Eduardo] Wandenkolk (1838-1902), militar de marinha e político carioca, foi ministro da Marinha do governo do marechal Deodoro da Fonseca e senador da República. Preso por Floriano Peixoto, foi exilado no alto Amazonas e retornou apenas em 1900, como chefe do Estado Maior da Armada Brasileira.

Com o declínio das monarquias, propagou-se na Europa do século XIX, a partir da França e da Inglaterra sobretudo, a voga de celebrar os grandes homens e cultuar-lhes os feitos e a personalidade. No Brasil, o empenho em homenagear os nomes expressivos da cultura, das ciências e da artes, além dos membros das instituições oficiais do Império, foi coordenado pelo Instituto Histórico e Geográfico Brasileiro, que se encarregou de auxiliar o governo imperial na definição de um projeto nacional que selecionasse no passado "as figuras mais dignas de serem lembradas", conforme o demonstra o segundo número da *Revista do IHGB*, na rubrica "Brasileiro ilustres pelas ciências, letras, armas e virtudes". A tal movimento convencionou-se dar o nome de "Plutarco Brasileiro".

108
Gonzaga de Sá e o narrador conversando em um banco do Passeio Público do Rio de Janeiro.

# VII

# Alma libertária

Se eu pudesse, se me fosse dado ter o dom completo de escritor, eu havia de ser assim um Rousseau, ao meu jeito, pregando à massa um ideal de vigor, de violência, de força, de coragem calculada, que lhe corrigisse a bondade e a doçura deprimente.[109]

\* \* \*

O ruído de uma fanfarra militar, enchendo a rua, veio agitar a multidão que passava. As janelas povoaram-se e os grupos arrimaram-se às paredes e às portas das lojas. São os fuzileiros, disse alguém que ouvi. O batalhão começou a passar: na frente os pequenos garotos; depois a música estrugindo a todo o pulmão um dobrado canalha. Logo em seguida o comandante, mal disfarçando o azedume que lhe causava aquela inocente exibição militar. Veio por fim o batalhão. Os oficiais muito cheios de si, arrogantes, apurando a sua elegância militar; e as praças bambas, moles e trôpegas arrastando o passo sem amor, sem convicção, indiferentemente, passivamente, tendo as carabinas mortíferas com as baionetas caladas, sobre os ombros, como um instrumento de castigo. Os oficiais pareceram-me de um país e as praças de

---

[109] Vida e morte de M. J. Gonzaga de Sá, 1919.

*outro. Era como se fosse um batalhão de sipaios ou de atiradores senegaleses.*

*Era talvez a primeira vez que eu via a força armada do meu país. Dela, só tinha até então vagas notícias. Uma, quando encontrei, num portal de uma venda, semiembriagado, vestido escandalosamente de uma maneira hibridamente civil e militar, um velho soldado; a outra, quando vi a viúva do general Bernardes receber na Coletoria um conto e tanto de pensões a vários títulos, que lhe deixara o marido, um plácido general que envelhecera em várias comissões pacíficas e bem retribuídas...*

*O batalhão passou de todo; e até a própria bandeira que passara, me deixou perfeitamente indiferente...*[110]

\* \* \*

Senhor Conselheiro Rui Barbosa,
É em nome da liberdade, da cultura e da tolerância, que um "roto" como eu se anima a lhe declarar tão grandes sentimentos de suas ambições políticas, que consistem simplesmente em não desejar para o Brasil o regime do Haiti, governado sempre por manipansos de farda, cujo culto exige sangue e violência de toda a ordem.[111]

\* \* \*

As condições da civilização do Brasil, quer as econômicas, quer as morais, quer as de território, justificam que haja quem desinteressadamente, brasileiro ou não, seja anarquista. Se a de lá [da Europa] está carunchosa, a de aqui também;

---

[110] *Recordações do escrivão Isaías Caminha*, 1909.

[111] Carta a Rui Barbosa, 25 de agosto de 1909, assinada como "Isaías Caminha".

uma é tão antiga quanto a outra: e convém lembrar também que é inútil nesta questão indagar-se se é ou não de tal país, quando os jornalistas não se indagam deles mesmos se são ou não brasileiros, para se fazerem pinheiristas ou dantistas.

Os anarquistas falam da humanidade para a humanidade, do gênero humano para o gênero humano, e não em nome de pequenas competências de personalidades políticas; e se há muitos que o são por ignorância ou "esnobismo" consoante o dizer do jornalista conservador, mesmo assim merecem simpatias dos desinteressados, porque não usam daquelas ignorâncias nem daqueles "esnobismos" que dão gordas sinecuras na política e sucessos sentimentais nos salões burgueses.

Sentimos que o jornalista se haja emperrado no regime capitalista, mas estamos certos de que, por mais emperrado que seja, há de haver ocasiões em que pergunte de si para si: é justo que o esforço de tantos séculos, que a inteligência de tantas gerações, que o sangue de tantos homens de coração e o sofrimento de tantas raças, que tudo isso, enfim, venha simplesmente terminar nessa miséria, nesse opróbrio que anda por aí? É justo?[112]

\* \* \*

Sempre fui contra a república. Tinha sete anos e vinha do colégio primário, do grande colégio de que me lembro sempre com ternura e cheio de saudades da minha boa professora, Dona Teresa Pimentel do Amaral, quando me disseram que se havia proclamado a república.

Não tinha naqueles tempos outras cogitações que não fossem a de glória, a da grande, imensa glória, feita por mim

---

[112] Da crônica "Palavras de um *snob* anarquista" (1913), assinada com o pseudônimo de "Isaías Caminha", em *Feiras e mafuás*, 1953.

sem favor, nem misericórdia, e vi que a tal de república, que tinha sido feita, espalhava pelas ruas soldados embalados, de carabinas em funeral. Nunca mais a estimei, nunca mais a quis.

Sem ser monarquista, não amo a república.

João Ribeiro disse-me, certa vez, que a república era a cultura parda; pois sou como o senhor João Ribeiro; nunca houve anos no Brasil em que os pardos, os malditos do seu Haeckel, fossem mais postos à margem.

O nosso regime atual é da mais brutal plutocracia, é da mais intensa adulação aos elementos estranhos, aos capitalistas internacionais, aos agentes de negócios, aos charlatães tintos com uma sabedoria de pacotilha.

Não há entre os ricos, entre os poderosos, nenhuma generosidade; não há piedade, não há vontade, por parte deles, desejo de atenuar a sua felicidade, que é sempre uma injustiça, com a proteção aos outros, com o arrimo aos necessitados, com o fervor religioso de fazer bem.

Têm medo de ser generosos, têm medo de dar uma esmola, têm medo de ser bons.

Se a dissolução dos costumes que todos anunciam como existente, há, antes dela houve a dissolução do sentimento, do imarcescível sentimento de solidariedade entre os homens.

Eu, há mais de vinte anos, vi a implantação do regime. Vi com desgosto e creio que tive razão.[113]

\* \* \*

Afirmou Dostoiévski, não me lembro onde, que a realidade é mais fantástica do que tudo o que a nossa inteligência pode fantasiar. Passam-se, na verdade, diante dos nossos

---

[113] Da crônica "O momento" (1915), em *Coisas do reino do Jambon*, 1956.

olhos coisas que a mais poderosa imaginação criadora seria incapaz de combinar os seus dados para criá-las.

Esse caso de Vera Zassúlitch, cujo retumbante processo fez estremecer a Europa, em 1878, é um deles. Tudo nele é estranho e convém ser ele lembrado agora, quando a Revolução Russa abala, não unicamente os tronos, mas os fundamentos da nossa vilã e ávida sociedade burguesa.

Não posso negar a grande simpatia que me merece um tal movimento; não posso esconder o desejo que tenho de ver um semelhante aqui, de modo a acabar com essa chusma de tiranos burgueses, acocorados covardemente por detrás da Lei, para nos matarem de fome, elevando artificialmente o preço dos gêneros e artigos de primeira necessidade, como: o açúcar, a carne, o feijão, o arroz, o café, o sal, o pano, à custa de estancos, de *trusts*, de *corners*, de "alívios", tráficos de homens e outras inacreditáveis espécies de assaltos à economia de toda uma população miserável, que já não tem por si nem os ministros do Evangelho, pois os padres, freiras e irmãs de caridade, todo o clero enfim, está amarrado à causa de semelhantes opressores e os apoia de todas as formas.[114]

\* \* \*

Os fundamentos da propriedade têm sido revistos modernamente por toda a espécie de pensadores e nenhum lhe dá esse caráter [de coisa inviolável e sagrada] no indivíduo que a detém. Nenhum deles admite que ela assim seja nas mãos do indivíduo, a ponto de lesar a comunhão social, permitindo até que meia dúzia de sujeitos espertos e sem escrúpulos, em geral fervorosos católicos, monopolizem as terras de uma província inteira, títulos de dívida de um país, en-

---

[114] Da crônica "Vera Zassúlitch" (1918), em *Bagatelas*, 1923.

quanto o Estado esmaga os que nada têm com os mais atrozes impostos.

A propriedade é social e o indivíduo só pode e deve conservar, para ele, de terras e outros bens, tão somente aquilo que precisar para manter a sua vida e de sua família, devendo todos trabalhar da forma que lhes for mais agradável, e o menos possível, em benefício comum.

Não é possível compreender que um tipo bronco, egoísta e mau, residente no Flamengo ou em São Clemente, num casarão monstruoso e que não sabe plantar um pé de couve, tenha a propriedade de quarenta ou sessenta fazendas nos Estados próximos, muitas das quais ele nem conhece nem as visitou, enquanto, nos lugares em que estão tais latifúndios, há centenas de pessoas que não têm um palmo de terra para fincar quatro paus e erguer um rancho de sapê, cultivando nos fundos uma quadra de aipim e batata doce.[115]

\* \* \*

Mas o [delegado de polícia] senhor Aurelino Leal, que ia fazer versos ou coisa parecida no Largo das Fadas, no Excelsior, na gruta Paulo e Virgínia, lá na maravilhosa floresta da Tijuca, deu agora para Fouché caviloso, para Pina Manique ultramontano do Estado, para Trépov, para inquisidor do candomblé republicano, não hesitando em cercear a liberdade de pensamento e o direito de reunião etc. Tudo isto me fez cair a alma aos pés e fiquei triste com essa transformação do atual chefe de polícia, tanto mais que o seu ofício não está com a verdade, ao afirmar que o maximalismo não tem uma "organização de governo".

Não é exato. O que é Lênin? O que são os *soviets*? Quem é Trótski? Não é este alguma coisa ministro como aqui foi

---

[115] Da crônica "No ajuste de contas..." (1918), em *Bagatelas*, 1923.

Rio Branco, com menos poder do que o barão, que fazia o que queria?

Responda, agora, se há ou não organização de governo na Rússia de Lênin?[116]

\* \* \*

O senhor quer que os homens de responsabilidade tratem da formação da nacionalidade brasileira. Isto, me parece, não é missão deles; é das leis da natureza que existem antes de nós e sobre as quais não temos nenhum império.

Censura o senhor certos moços que, sob a influência de literatos e literaturas exóticas, se fazem descrentes, céticos, sem fé. Mas, fé! Em quê?

Todo o objeto de fé está morto; um deus matou o outro. Na ciência, que parecia mais pimpona, não se pode ter mais. A sua falência é total; ela não deu a regra da nossa conduta; nem nos trouxe a felicidade. De resto, sendo todas certas, há muitas geometrias; e Poincaré, no seu livro póstumo, chegou a admitir a evolução das leis naturais.

*Mobilis in mobili*, tudo tal e qual no romance de Júlio Verne; como, portanto, ter fé?

Ria-se, porque tudo isto é *blague*.[117]

\* \* \*

Os doutores da burguesia limitam-se a acoimar Lênin, Trótski e seus companheiros de vendidos aos alemães.

Há por aí uns burguesinhos muito tolos e superficiais, porém, que querem ir além disto; mas cuja ciência histórica, filosófica e cuja sociologia só lhes fornecem como bombas

---

[116] Da crônica "Da minha cela" (1918), em *Bagatelas*, 1923.

[117] Carta a Dioclécio Duarte, 16 de junho de 1919.

exterminadoras dos ideais russos a grande questão de tomar banho e a de usar colarinho limpo.

Com tais casos à vista, cabe bem aos homens de coração desejar e apelar para uma convulsão violenta que destrone e dissolva de vez essa *societas sceleris* de políticos, comerciantes, industriais, prostitutas, jornalistas *ad hoc*, que nos saqueiam, nos esfaimam, emboscados atrás das leis republicanas. É preciso, pois não há outro meio de exterminá-la.

Se a convulsão não trouxer ao mundo o reino da felicidade, pelo menos substituirá a camada podre, ruim, má, exploradora, sem ideal, sem gosto, perversa, sem inteligência, inimiga do saber, desleal, vesga que nos governa, por uma outra, até agora recalcada, que virá com outras ideias, com outra visão da vida, com outros sentimentos para com os homens, expulsando esses Shylocks que estão aí, com os seus bancos, casas de penhores e umas trapalhadas financeiras, para engazopar o povo. A vida do homem e o progresso da humanidade pedem mais do que dinheiro, caixas-fortes atestadas de moedas, casarões imbecis com lambrequins vulgares. Pedem sonho, pedem arte, pedem cultura, pedem caridade, piedade, pedem amor, pedem felicidade; e esta, a não ser que seja um burguês burro e intoxicado de ganância, ninguém pode ter, quando se vê cercado da fome, da dor, da moléstia, da miséria de quase toda uma grande população.[118]

\* \* \*

Temo muito transformar esta minha colaboração no *A. B.C.* em crônica literária; mas recebo tantas obras e a minha vida é de tal irregularidade, a ponto de atingir as minhas próprias algibeiras, que, na impossibilidade de acusar logo o

---

[118] Da crônica "Sobre o maximalismo" (1919), em *Bagatelas*, 1923.

recebimento das obras, me vejo na contingência de fazê-lo por este modo, a fim de não parecer inteiramente grosseiro.

Está neste caso o trabalho do senhor Órris Soares, a quem aqui muito conheci, mas que me chega da atualmente benfazeja Paraíba. Chama-se *Rogério* e é um drama em três atos.

O senhor Soares é autor de mais quatro outras peças, das quais três consideráveis, sendo que uma destas — *A cisma* — foi aqui muito elogiada, quando publicada, porque o dramaturgo não tem tido a felicidade de obter a representação de suas produções teatrais. E é pena, porquanto, pela leitura — estou julgando por esta do *Rogério* — elas deviam ser merecedoras dessa experiência.

Na atual o autor intenta o estudo do drama íntimo que se deve passar no peito de um revolucionário, generoso e sincero, originado pelo choque e luta entre a violência e a brandura, com os respectivos cortejos de sentimentos derivados.

Ele, o autor, simbolizava uma em Débora — espécie de Thervigne —, a outra, em Malvina.

Admirei muito a peça, o estudo dos personagens, da protagonista, embora me parecesse ela não possuir uma certa fluidez. Isto nada quer dizer, porque é qualidade que se adquire. As que não se adquirem são as que ele tem: poder de imaginar, de criar situações e combiná-las.

A cena final da loucura do terrível revolucionário — Rogério — julgando-se rei e coroando-se com uma caixa de papelão, é maravilhosa e intensa.

É uma peça revolucionária, inspirada nos acontecimentos da atual revolução russa — o que se denuncia por alusões veladas e claras no decorrer dela.

O autor não esconde a sua antipatia pelos revolucionários não só russos, como os de todo o jaez. Isto ele o faz com o pensamento geral da peça, como também nos detalhes, principalmente no cerimonial, nas atitudes governamentais e imperiais que eles tomam quando assumem o comando.

Não é só com os de hoje que tal se dá, mas com os de sempre. Esses homens podem ser para nós ridículos, mas o motivo é porque os julgamos fora do seu tempo ou longe dele.

Quando nos transportamos à efervescência das ideias do meio que os criou, eles não se parecem assim. São talvez plantas de estufa, mas são plantas imponentes e grandiosas, mesmo aquecidas artificialmente.[119]

\* \* \*

Já houve, entre nós, o pedantismo dos gramáticos que andou esterilizando a inteligência nacional com as transcendentes questões de saber se era "necrotério" ou "necroteca", "telefone" ou "teléfono" etc. etc.; já houve o pedantismo dos positivistas que aterrava toda a gente com a matemática; hoje há ou está aparecendo um outro: o pedantismo católico que se entrincheira atrás de São Tomás de Aquino e outros respeitáveis e sutis doutores da Igreja.

Perilo Gomes não parece nada com esses senhores respeitáveis que hão de ser camareiros de Sua Santidade; ele é um escritor para toda a gente, claro, forte, escondendo com pudor o seu real saber.

Andava bem o catolicismo de Petrópolis necessitado de um espírito como esse que põe a serviço dele a sua fé sincera e o seu talento, pois, em geral, os que ele nos dá são jesuítas alemães ou italianos e irmãos leigos da companhia, nos quais o saber de detalhes e a pouca familiaridade com a língua ti-

---

[119] Da crônica "Limites e protocolo" (1920), em *Impressões de leitura*, 1956.

ram as indispensáveis qualidades de escritor de combate: a atração e a veemência.

Digo catolicismo de Petrópolis porque o senhor Perilo Gomes não se pode furtar em confessar que a sua obra [*Penso e creio*] não é de pura contemplação, não é uma confissão, não é um ato de contrição de sua irreligiosidade passada; é militante, é dirigida aos que pensam, aos condutores do pensamento nacional, no intuito, se não de convencê-los, ao menos de abalá-los no seu voltairianismo ou agnosticismo.

Sem que nada me autorize a tal explicitamente, eu filio *Penso e creio* à ação do partido que se esboça aí com o título de nacionalismo. A Igreja quer aproveitar ao mesmo tempo a revivescência religiosa que a guerra trouxe e a recrudescência exaltada do sentimento de pátria, também consequência dela, em seu favor, aqui no Brasil.

O culto à "brasilidade" que ele prega é o apego à herança do passado de respeito, não só à religião, mas também à riqueza e às regras sociais vigentes, daí a aliança da jovem fortuna, representada pelos improvisados ricaços de Petrópolis, com a Igreja. Mas tal culto tende a excomungar, não o estrangeiro, mas as ideias estrangeiras de reivindicações sociais que são dirigidas contra os cresos de toda a ordem. O Jeca deve continuar Jeca, talvez com um pouco de farinha a mais.

Estas reformas me parecem odiosas e sobremodo retrógradas.[120]

\* \* \*

Não tenho nenhuma malquerença com os padres e mesmo com os frades de certas ordens. Se há algum anticlerica-

---

[120] Da crônica "Reflexões e contradições à margem de um livro" (1921), em *Impressões de leitura*, 1956.

lismo na minha pobre pessoa, é contra as irmãs de toda a sorte que dirigem colégios de gente rica. Essa gente nos faz muito mal; e se algum dia tiver poder — revolucionário, por certo — não só mando fechar todos os Sions que houver por aí, como expulsar do Brasil as irmãs.

Veja, portanto, que a minha curiosidade não é malsã, nem de inimigo: é curiosidade. Não me sinto capaz de gabar-me de tê-lo desviado do seminário. Mesmo com grandes dúvidas sobre a Igreja, mas cheio de amor pelos homens e respeitoso diante do Mistério que nos cerca, o amigo, como sacerdote católico, podia prestar muitos serviços à humanidade.[121]

\* \* \*

A obra do senhor José Saturnino de Brito já é digna de exame. Entre os pequenos e maiores, ela já conseguiu cerca de oito trabalhos, que são: *Socialismo progressivo* [1919], *A cooperação é um Estado* [1915], *A pirataria em paroxismos* [1915], *A escravidão dos pequenos lavradores* [1917] e *Socialismo pátrio* [1920], além das peças: *Amor, vence!* e *Entre neblinas* [1918].

Esta última, que foi publicada há dois anos, é deveras interessante, por vários motivos; e muito poeticamente se passa nas Paineiras. [Seu protagonista] Estélio, que é poeta, artista e revolucionário, pensa nos homens. Por isso acodem-lhe maus pensamentos... nessa cavalgata de sombras do abismo social. Ser homem, é bem doloroso!

O tormento do senhor Saturnino vem daí; isto é, sabe bem qual é a armadura que nos pode proteger; mas sabe também que é daquelas armaduras divinas ou infernais dos romanos de cavalaria que os gênios bons e maus davam aos

---

[121] Carta a Austregésilo de Ataíde, 19 de janeiro de 1921.

seus protegidos, mas que estes não sabiam forjá-las e nem qualquer outro mortal.

Surpreendido em colóquio com a druidesa, pelo pai desta, o herói do senhor Saturnino de Brito, ao ancião, que, segundo a filha, "foi simplesmente o terror dos maus que dominam a Beócia", dá-se a conhecer pela seguinte forma arrebatada:

> "Mestre, pertenço ao número dos teus mais veneradores discípulos, aqui, e só me basta a honra de o ser sinceramente. Os apóstolos da regeneração, por meio da educação racional das massas mourejantes e da propaganda geral contra os preconceitos e os abusos do bronco capitalismo, aliado à política de rapina, tiveram também a sua influência entre nós. No teu olhar, no teu gesto, vibra e arde o ideal rubro, o ideal do sangue que só palpita pela Liberdade culta nesse gelo da Sibéria social em que farejam os lobos monetários e vaidosos... Aqui as feras que devoram as vítimas do trabalho fecundo são também inúmeras e de todos os matizes..."

Todos os trabalhos do senhor Saturnino de Brito têm sido dominados por esse pensamento que ele põe na boca do seu Estélio. É só lê-los para o verificar.

O ardor do seu gênio não lhe permite que as suas produções tenham a serenidade de expor fatos, de condená-los artisticamente de modo que digam ao leitor mais do que dizem. O autor se apaixona, declama e abandona-se à eloquência. Ama a metáfora e a alegoria; e não tem o dom da ironia e da sátira.

Tanto nas suas obras de ficção como nas de propaganda, a sua paixão não procura diques; ao contrário, como que se compraz em extravasar por todos os lados. Inunda tudo.

Será defeito; mas também é denúncia da sua qualidade superior de escritor: a sua sinceridade.

O real, como já disse alguém, o aborrece; e, no seu ideal, é que ele vive e faz viver os seus personagens. O mundo dele e das suas criaturas não é este; é um muito outro que se entrevê entre névoas.

Querendo baixar até nós, o senhor Saturnino fica prosaico e mostra-se logo o escritor que não pode falar em tom familiar e em coisas familiares.[122]

\* \* \*

O último livro do senhor Théo-Filho [*As virgens amorosas*] surpreendeu-me. Há muito que sigo a sua carreira literária, mesmo desde que ele era ainda banalmente Teotônio Filho.

Até agora, os seus romances, contos, crônicas eram cheios de audácia na natureza dos personagens, nas cenas, nas opiniões que emitia ou aqueles emitiam por ele.

Eram trabalhos breves, nervosos, evitando detalhes, com descrições muito curtas, fossem de que espécie fossem; o seu atual livro, porém, já não é mais assim. É pausado, lento, detalhado, quase até à minúcia; os seus personagens são da nossa boa burguesia rica ou que o finge ser. É um romance de Botafogo, de Botafogo dos nossos dias, com os seus ricos, os seus falsos ricos e também com os seus "guitarristas" de todas as espécies, mais ou menos dissimulados que, de onde em onde, a polícia não tem outro remédio senão deitar-lhes a mão, apesar das suas coleiras de prata e diplomas quaisquer.

---

[122] Da crônica "A obra de um ideólogo" (1921), em *Impressões de leitura*, 1956.

Seria curioso fazer um estudo da evolução de Botafogo, pelo menos nestes últimos cem anos.

Darwin residiu lá — se não me engano, cerca de quatro meses; e, na sua interessante narração da viagem que fez a bordo do *Beagle*, ele só se refere à beleza do local e da enseada, aos seus trabalhos de naturalista pelos arredores, sem aludir a palácios e magnificências.

Além do que já citei, ele fala com entusiasmo de homem que entende a natureza, na nuvem pardo-azul dos trópicos, observada por ele em Botafogo, a qual, pelo pomerídio e no longínquo horizonte, acaba fundindo harmonicamente os vários tons do céu, num único que é o dela. Fala também com emoção, o grande naturalista, do hino ou dos hinos que, após as grandes chuvaradas, ao entardecer, nas proximidades de sua casa, os grilos, as cigarras e as rãs erguiam aos céus que se estrelavam.

Não esquece outrossim dos pirilampos; mas dos solares, que, hoje, tanto encanto trazem aos cronistas refinados da *Revista da Semana* ou do "Binóculo", nem palavra!

Imagino que até os fins da primeira metade do século passado, e até muito depois, Botafogo ou a Praia do Sapateiro, como parece que se chamou em priscas eras, não fosse mais que um lugar de grandes chácaras, hortas, de criação de porcos, galinhas etc., e mesmo de pequenas roças de aipim, batata-doce, abóboras, melancias etc. Os casarões dos marqueses e dos viscondes de Jacquemont [do viajante Victor Jacquemont, que esteve no Rio em 1828] não eram, em geral, por certo lá. Tudo leva a crer, pelos vestígios que ainda restam, que houve nas ruas centrais, na do Lavradio, na do Riachuelo, Resende, Conde, na Tijuca ou Santa Teresa ou, em resumo: estavam espalhados por toda a cidade e arrabaldes, segundo o gosto de cada um.

O impulso e a transformação de Botafogo devem-se certamente ao estabelecimento da primeira linha de bondes da cidade, que foi a do Jardim Botânico, hoje quase abandonado.

O estabelecimento desse meio de transporte barato, relativamente rápido e cômodo, não podia deixar de operar uma revolução no pitoresco recanto rural da cidade que era então Botafogo.

Caindo a monarquia, aos poucos, com o sacolejo da república, apesar de brando, subiu à tona da nossa vida social a borra da nossa sociedade que se apossou dos primeiros lugares, mediante uns títulos caçados sabe Deus como, de formas arranjadas por meios inconfessáveis, e se determinou que só era *chic* morar em Botafogo e adjacências. Logo todos os panurgianos ricos, falsos ricos, ricos *guitarristas* se apressaram em imitar os processos da política e da administração, e foram se amontoando por lá. Adicionaram ao seu bairro, com grave dano para os cofres municipais, a restinga de Copacabana e arredores, obrigando a edilidade a construir, por ela afora, avenidas em cima da areia e expostas, na sua fragilidade de obra apressada e atamancada, ao furor destruidor do Oceano. Os especuladores de terrenos, entretanto, ganharam dinheiro, graças à complacência dos prefeitos em valorizar-lhes os lotes com calçamentos de asfaltos e mais melhoramentos urbanos, levados a efeito em areias desertas.

Tratando-se de um livro de ficção, parecem não vir ao caso as considerações que aí ficam; mas não há tal. O livro do senhor Théo-Filho é todo Botafogo; todo ele se passa em Botafogo; e, quando certas passagens não se desenvolvem lá, os personagens se agitam num ambiente perfeitamente botafogano, pelas ideias, pelos preconceitos, pelos sentimentos, por tudo enfim. Seja que a festa a reis ou outros figurões da estranja se efetue na Quinta da Boa Vista, seja que ela tenha lugar em Maxabomba — sempre é Botafogo. Não é demais, portanto, esboçar as origens do Botafogo atual.

A verdade, porém, é que ele tem a preocupação do detalhe supérfluo, mas curioso para o leitor comum do jornal; das coisas íntimas dos magnatas; das suas sentenças de encomenda, estudadas e impingidas no momento azado; das suas atitudes de aparato de quem vai tirar a fotografia etc., etc. O senhor Théo-Filho não perde uma descrição cuidada da *toillete* de uma senhora ou mesmo certas minúcias curiosas da ornamentação de um salão de baile ou de festa qualquer.

As atitudes dos manipansos políticos e outros são levadas por ele a sério, como se fossem mesmo manifestações de fortes cogitações internas de pensamento.

Às vezes mesmo, ele fica tão crente nele e nas suas *poses*, a ponto de esquecer que está escrevendo uma obra de ficção, e — zás — põe no papel trechos como este que bem poderiam caber em uma crônica de jornal ultragovernista:

"Efetivamente, chegava o presidente, com a esposa e a filha, seguido dos oficiais de suas casas civil e militar. Era um homem dum rosto grave e bom, duma testa inteligente e de uns olhos inconfundíveis. Guindado de improviso à suprema magistratura do país, ele se cercara de estadistas animosos e enérgicos, animosamente empreendendo com uma paciência de Jó a batalha gigantesca para debelar a crise que avassalava o Brasil inteiro."

Os seus hábitos jornalísticos, os do senhor Théo-Filho, não viram, como não enxergam em outros lugares, a impropriedade de "tiradas" como esta, num simples romance; até o ponto de, na página 33, falar em "picareta progressiva de Paulo de Frontin".

Se eu fosse esse senhor Frontin não agradeceria ao autor a amabilidade.

Mas tudo isto são nugas, e pequenas nugas que não diminuem o mérito da obra em nada. O objetivo que ele teve em vista, foi lindamente alcançado. Era ele o de traçar um amplo quadro de costumes em que se movessem as pequeninas almas dessa gente especial de Botafogo que, por sua fortuna, ou por sua posição social ou por uma dolorosa simulação de riqueza, alcançam pelo esnobismo, pela futilidade e pelo furor imitativo dos grandes centros, a constituir, entre nós, uma sociedade à parte, dominada pelas irmãs do Colégio da Imaculada Conceição de Botafogo, onde, em festa, o senhor Théo nos conduz com mão segura, logo no primeiro capítulo, e pelas da do Sion, em Petrópolis.[123]

\* \* \*

Parece que afinal acabou a aventura do senhor Gabriel D'Annunzio, em Fiúme. Desta guerra em que se misturaram, por fim, tantas coisas trágicas com tantas burlescas, nada mais curioso do que as atitudes de grande espetáculo que o senhor Gabriel Rapagnetta tomou ultimamente. Para esse literato, no mau sentido da palavra, a vida humana não passa de brinquedo. Lidos uns papéis bolorentos de vetustos arquivos, consultados alguns cronistas de estilo amplificado, cheios de frases épicas para alguns piratas ducais, o dever do poeta é retomar as façanhas destes, sofra quem sofrer. Mau sociólogo, ainda pior homem político, o senhor Gabriel meteu-se nos cascos de fazer-se Sforza, Gattamelata, enfim, um *condottiere* qualquer do século XIV ou XV, nos nossos dias e voando em aeroplano.

Ele, D'Annunzio, era herdeiro do gênio guerreiro desses chefes de bandos que serviam, indiferentemente, a este ou àquele duque; e, por virtude de herança, podia transmitir aos seus compatriotas atuais esse ideal de vida e de ação que nos

---

[123] Da crônica "Um romance de Botafogo" (1921), em *Impressões de leitura*, 1956.

parece a todos nós, misérrimos "escravos" do século XX, muito digno do palco de uma grande casa de ópera lírica.

D'Annunzio foi ao monturo dos séculos mortos e de lá trouxe umas lembranças da Sereníssima República de Veneza, documentos para reivindicar Fiúme; mas os alemães, os germanos em geral, além de outros quinhões de terra, podiam também reivindicar a Lombardia, onde povos afins aos teutônicos atuais tiveram um reino que durou dois séculos.

Há tanto de arbitrário, de fantasia, de *parti pris* nacional, que as ingênuas genealogias dos antigos não ficam em nada inferiores às sábias explicações modernas de origens das nacionalidades.

No caso especial do senhor D'Annunzio parece que o seu trabalho de arqueologia veneziana não lhe foi de grande proveito.

Durante o ano e meio em que esteve aprendendo o ofício de tirano medieval, no seu futuro ducado ou principado de Fiúme, aprendeu-o em vão com fartas experiências de prisões arbitrárias, enchendo os cárceres a mais não poder.

Não contente com isso, as ameaças foram formidáveis contra os que não viam com bons olhos o estabelecimento de sua tirania *sui generis*.

Não há na atitude que o senhor D'Annunzio tomou, nesse caso de Fiúme, nada de grande, de fundamentalmente humano, de alicerçado nas ideias e concepções do tempo. É um gesto de letrado exacerbado por intensa e doentia vaidade pessoal, para quem a vida dos homens vale pouco e é simples matéria de fabricar a beleza — uma espécie de sanguinário deus mexicano que só é conhecido de certos eleitos como ele.

Nós, vulgares homens de hoje, não podemos crer nesses Moloques embelezados por um sonoro palavreado, por mais lindo que seja.

O nosso anelo é outro: queremos paz e anarquia. O senhor Gabriel D'Annunzio ficou só e não achou quem quisesse morrer por ele; entretanto, Lênin e Trótski repeliram nos quatro pontos cardeais os inimigos do seu regime político.

É de meditar...[124]

\* \* \*

Nunca me meti em política, isto é, o que se chama política no Brasil. Para mim a política, conforme Bossuet, tem por fim tornar a vida cômoda e os povos felizes. Desde menino, pobre e oprimido, vejo a "política" do Brasil ser justamente o contrário. Ela tende para tornar a vida incômoda e os povos infelizes. Todas as medidas de que os políticos lançam mão são nesse intuito.

Por essas e outras eu sou completamente avesso a negócios de política, porque não acredito nela e muito menos nos políticos. Só admito que se morra em matéria de política quando se o faça por uma ideia que interesse um grande grupo humano.

Seria capaz de deixar-me matar, para implantar aqui o regime maximalista; mas a favor de Fagundes ou de Brederodes não dou um pingo do meu sangue.

Tenho para mim que se deve experimentar uma "tábua rasa" no regime social e político que nos governa; mas mudar só de nomes de governantes nada adianta para a felicidade de todos nós.[125]

---

[124] Da crônica "D'Annunzio e Lênin" (1921), em *Feiras e mafuás*, 1953.

[125] Da crônica "Palavras dum simples" (1922), em *Marginália*, 1953.

# Referências

**109**
Trata-se de confissão íntima da personagem Gonzaga de Sá.

**110**
Isaías Caminha, em seu primeiro passeio pela cidade do Rio de Janeiro.

**112**
"Pinheiristas" e "dantistas" são referências de Lima Barreto, respectivamente, aos seguidores políticos de [José Gomes] Pinheiro Machado (1851-1915) e [Manuel Pinto de] Sousa Dantas (1831-1894).

**114**
Vera [Ivanovna] Zassúlitch (1849-1919), militante radical do movimento socialdemocrata na Rússia, participou do atentado contra [Fedor Fedorovic] Trépov, então governador de São Petersburgo e integrou, como fundadora, o primeiro grupo marxista russo "Emancipação do Trabalho".

**116**
Aurelino [de Araújo] Leal (1877-1924), jornalista e político baiano, transferiu-se em 1912 para o Rio de Janeiro, onde exerceu a carreira de advogado e foi nomeado chefe da polícia do Distrito Federal. Depois de eleito deputado federal pela Bahia, assumiu, em janeiro de 1923, por indicação do presidente Artur Bernardes, o cargo de interventor federal no Estado do Rio de Janeiro.

**117**
O destinatário da carta, Dioclécio [Dantas] Duarte (1894-1975), foi advogado, jornalista e político do Rio Grande do Norte, Secretário da Agricultura e Secretário Geral no governo de Georgino Avelino e também interventor federal interino no Estado, além de deputado federal por várias legislaturas. Foi ainda cônsul do Brasil em Bremen, na Alemanha.

118
Lima Barreto alude nesta crônica à personagem do judeu Shylock, da peça *O mercador de Veneza* (1596), de William Shakespeare (1564-1616).

O maximalismo — que Lima Barreto menciona nesta e em outras crônicas — foi o ideário dos membros dissidentes do Partido Socialista Revolucionário russo, de orientação camponesa, cuja plataforma exigia a aplicação máxima do programa socialista durante a malograda revolução russa de 1905, após cujo fracasso, entretanto, acabou reduzida a uma fração inexpressiva de camponeses libertários.

119
Lima Barreto refere-se neste artigo a Órris Soares (1884-1964), prefaciador do livro *Eu e outras poesias* (1912), de Augusto dos Anjos (1884-1914), além de amigo e dedicado biógrafo do poeta.

Alusão inspirada em [Anne Josèphe] Thervigne de Mericourt (1762-1817), corajosa líder das mulheres francesas que se rebelaram em outubro de 1789 e depois em 10 de agosto de 1792, por ocasião do levante pelos ideais democráticos do movimento. Portando um boné de granadeiro e vestindo saia curta de cavalgar, trazia sempre duas pistolas ataviando a cintura esbelta e um sabre pendendo ao lado do cinturão, nas investidas em que distribuía os panfletos, que ela própria escrevia, incitando o povo à revolta. Agarrada pelas mulheres jacobinas, teve as roupas arrancadas e foi açoitada nua no jardim das Tulherias. Morreu louca, em 9 de junho de 1817.

120
Perilo Gomes (1890-1952), escritor ligado ao grupo católico da revista *A Ordem*, companheiro de Jackson de Figueiredo e Tristão de Athayde; além de *Penso e creio* (1921), aqui discutido na resenha de Lima Barreto, é autor de *Ensaios de doutrina crítica* (1923), *Jackson de Figueiredo* (1926) e *A revolução comunista* (1935), entre outros livros, de um modo geral afinados com a divulgação do pensamento conservador que se propunha "revirilizar a religião católica no Brasil".

122
[José] Saturnino de Brito (1876-1929), apesar de haver composto uma obra dispersiva e irregular, foi autor militante de vasta contribuição para a afirmação da imprensa libertária no Brasil através de livros, ensaios, artigos e incontáveis folhetos, grande parte destes escritos em francês. A partir de junho de 1917, colaborou no jornal O *Debate*, ao lado de militantes do porte de Lima Barreto, Fábio Luz e Maurício de Lacerda, e é hoje considerado um dos pioneiros do cooperativismo no Brasil.

123
Théo-Filho [Manuel Theotônio de Lacerda Freire] (1891-1973), jornalista e escritor pernambucano radicado no Rio de Janeiro, marcou os seus livros e a sua trajetória intelectual e humana por atitudes que incomodavam os moralistas e conservadores, o que deu a seus romances, crônicas e artigos, pelo recorte boêmio e a irreverência das atitudes, uma singularidade inovadora e fora do esquadro da sociedade brasileira de seu tempo. Além de *As virgens amorosas* (1921), aqui resenhado por Lima Barreto, deixou *Anita e Plomark, aventureiros* (1917), *360 dias de boulevard* (1920), *Praia de Ipanema* (1927) e *A fragata Nitheroy* (1931). Entre 1925 e 1940, dirigiu no Rio de Janeiro o semanário *Beira-Mar*.

[André Gustavo] Paulo de Frontin (1860-1933), político e engenheiro nascido na raiz da Serra de Petrópolis, deu contribuição decisiva para o prefeito Pereira Passos quando da renovação da cidade por ocasião do famoso "bota abaixo", ao chefiar as obras da construção da Avenida Central em 1904.

124
Gaetano Rapagnetta era o verdadeiro nome de Gabriele D'Annunzio (1863-1938).

Lima Barreto se refere a Erasmo de Narni (1370-1443), vulgo Gattamelata, famoso condutor de mercenários nas batalhas da renascença italiana, homem forte e capaz de sustentar no corpo, por muitas horas, durante os combates, uma armadura metálica de cinquenta quilos e mais de dois metros de altura. Lutou em favor de muitos estados italianos e também a soldo da Igreja, mas a partir de 1434 manteve-se fiel a Veneza até o dia da sua morte, em luta contra os Sforza.

Moloque, que em hebraico significa "rei", era o deus dos amonitas; também conhecido como Malca ou Milcon.

125
Lima Barreto nos fala de [Jacques-Bénigne] Bossuet (1627-1704), bispo e teólogo francês, defensor da teoria do absolutismo político e do poder divino dos reis. É autor, entre outros, dos livros *Discurso sobre a história universal* (1681), *Defesa da tradição e dos santos padres* (1693) e *Máximas e reflexões sobre a comédia* (1694).

## VIII

## Morte e penitência

Oh! O tempo! O inflexível tempo, que, como o Amor, é também irmão da Morte, vai ceifando aspirações, tirando presunções, trazendo desalentos, e só nos deixa na alma essa saudade do passado às vezes composta de coisas fúteis, cujo relembrar, porém, traz sempre prazer.

Quanta ambição ele não mata! Primeiro são os sonhos de posição: com os dias e as horas e, a pouco e pouco, a gente vai descendo de ministro a amanuense; depois são os do Amor — oh! como se desce nesses! Os de saber, de erudição, vão caindo até ficarem reduzidos ao bondoso Larousse. Viagens... Oh! As viagens! Ficamos a fazê-las nos nossos pobres quartos, com auxílio do Baedeker e outros livros complacentes.

Obras, satisfações, glórias, tudo se esvai e se esbate. Pelos trinta anos, a gente que se julgava Shakespeare, está crente que não passa de um "Mal das Vinhas" qualquer; tenazmente, porém, ficamos a viver, esperando, esperando... o quê? O imprevisto, o que pode acontecer amanhã ou depois. Esperando os milagres do tempo e olhando o céu vazio de Deus ou Deuses, mas sempre olhando para ele, como o filósofo Guyau.

Esperando, quem sabe se a sorte grande ou um tesouro oculto no quintal?

E assim se faz a vida, com desalentos e esperanças, com recordações e saudades, com tolices e coisas sensatas, com baixezas e grandezas, à espera da morte, da doce morte, padroeira dos aflitos e dos desesperados...[126]

\* \* \*

Que me importa o presente! No futuro é que está a existência dos verdadeiros homens. Guyau, a quem não me canso de citar, disse em uma de suas obras estas palavras: "Porventura sei eu se viverei amanhã, se viverei mais uma hora, se a minha mão poderá terminar esta linha que começo? A vida está, por todos os lados, cercada pelo Desconhecido. Todavia executo, trabalho, empreendo; e em todos os meus atos, em todos os meus pensamentos, eu pressuponho este futuro com o qual nada me autoriza a contar. A minha atividade excede em cada minuto o instante presente, estende-se ao futuro. Eu consumo a minha energia sem recear que este consumo seja uma perda estéril, imponho-me privações, contando que o futuro as resgatará — e sigo o meu caminho. Esta incerteza que me comprime de todos os lados, equivale para mim a uma certeza e torna possível a minha liberdade — é o fundamento da moral especulativa com todos os riscos. O meu pensamento vai adiante dela, com a minha atividade; ele prepara o mundo, dispõe do futuro. Parece-me que sou senhor do infinito, porque o meu poder não é equivalente a nenhuma quantidade determinada; quanto mais trabalho, mais espero".[127]

\* \* \*

---

[126] Da crônica "Maio" (1911), em *Feiras e mafuás*, 1953.

[127] Da conferência "O destino da literatura" (1921), em *Impressões de leitura*, 1956.

Fora preso pela manhã, logo ao erguer-se da cama. Iria morrer, quem sabe se naquela noite mesmo? E que tinha ele feito de sua vida? Nada. Levara toda ela atrás da miragem de estudar a pátria, por amá-la e querê-la muito, no intuito de contribuir para a sua felicidade e prosperidade. Gastara a mocidade nisso, a sua virilidade também; e, agora que estava na velhice, como ela o recompensava, como ela o premiava, como ela o condecorava? Matando-o.

A pátria que quisera ter era um mito; era um fantasma criado por ele no silêncio do seu gabinete. Nem a física, nem a moral, nem a intelectual, nem a política que julgava existir, havia. A que existia de fato, era a do tenente Antonino, a do doutor Campos, a do homem do Itamaraty.

Mas, como é que ele tão sereno, tão lúcido, empregara sua vida, gastara o seu tempo, envelhecera atrás de tal quimera? Como é que não viu nitidamente a realidade, não a pressentiu logo e se deixou enganar por um falaz ídolo, absorver-se nele, dar-lhe em holocausto toda a sua existência? Foi o seu isolamento, o seu esquecimento de si mesmo; e assim é que ia para a cova, sem deixar traço seu, sem um filho, sem um amor, sem um beijo mais quente, sem nenhum mesmo, e sem sequer uma asneira![128]

\* \* \*

Eu me tinha esquecido de mim mesmo, tinha adquirido um grande desprezo pela opinião pública, que vê de soslaio, que vê como um criminoso um sujeito que passa pelo hospício, eu não tinha mais ambições, nem esperanças de riqueza ou posição: o meu pensamento era para a humanidade toda, para a miséria, para o sofrimento, para os que sofrem, para os que todos amaldiçoam. Eu sofria honestamente por um

---

[128] *Triste fim de Policarpo Quaresma*, 1911.

*sofrimento que ninguém podia adivinhar; eu tinha sido humilhado, e estava, a bem dizer, ainda sendo, eu andei sujo e imundo, mas eu sentia que interiormente eu resplandecia de bondade, de sonho de atingir a verdade, do amor pelos outros, de arrependimento dos meus erros e um desejo imenso de contribuir para que os outros fossem mais felizes do que eu, e procurava e sondava os mistérios da nossa natureza moral, uma vontade de descobrir nos nossos defeitos o seu núcleo primitivo de amor e de bondade.*

*O hospício me retemperava. Lembrava-me do plano de minha obra, dos grandes trabalhos que ela demandava, dos estudos que pedia; e, de mim para mim, eu me prometia levá--la a cabo, empregando todos os argumentos, tirando-os de toda a parte, não só os lógicos, como os sentimentais; havia de escrevê-la, empregando todos os recursos da dialética e da arte de escrever.*[129]

\* \* \*

Pelas ruas de túmulos, fomos calados. Eu olhava vagamente aquela multidão de sepulturas, que trepavam, tocavam-se, lutavam por espaço, na estreiteza da vaga e nas encostas das colinas aos lados.

Amontoavam-se esculturas de mármore, vasos, cruzes e inscrições; iam além; erguiam pirâmides de pedra tosca, faziam caramanchões extravagantes, imaginavam complicações de matos e plantas — coisas brancas e delirantes, de um mau gosto que irritava.

Fomos indo. A carreta, empunhada pelas mãos profissionais dos empregados, ia dobrando as alamedas, tomando ruas, até que chegou à boca do soturno buraco, por onde se

---

[129] *O cemitério dos vivos*, 1920.

*via fugir, para sempre do nosso olhar, a humildade e a tristeza do contínuo da Secretaria dos Cultos.*

*Antes que lá chegássemos, porém, detive-me um pouco num túmulo de límpidos mármores, ajeitados em capela gótica, com anjos e cruzes que a rematavam pretensiosamente. Nos cantos da lápide, vasos com flores de biscuit e, debaixo de um vidro, à nívea altura da base da capelinha, em meio corpo, o retrato da morta que o túmulo engolira. Como se estivesse na Rua do Ouvidor, não pude suster um pensamento mau e quase exclamei:*

*— Bela mulher!*

*Estive a ver a fotografia e logo em seguida me veio à mente que aqueles olhos, que aquela boca provocadora de beijos, que aqueles seios túmidos, tentadores de longos contatos carnais, estariam àquela hora reduzidos a uma pasta fedorenta, debaixo de uma porção de terra embebida de gordura.*

*Que resultados teve a sua beleza na terra? Que coisas eternas criaram os homens que ela inspirou? Nada, ou talvez outros homens, para morrer e sofrer. Não passou disso, tudo mais se perdeu; tudo mais não teve existência, nem mesmo para ela e para os seus amados; foi breve, instantânea e fugaz.*

*Abalei-me! Eu que dizia a todo mundo que amava a vida, eu que afirmava a minha admiração pelas coisas da sociedade — eu meditar como um cientista profeta hebraico! Era estranho! Remanescentes de noções que se me infiltraram e cuja entrada em mim mesmo eu não percebera! Quem pode fugir a elas?*[130]

\* \* \*

---

[130] Do conto "O cemitério" (sem data), em *Marginália*, 1953.

Não sei quem foi que disse que a Vida é feita pela Morte. É a destruição contínua e perene que faz a vida.

A esse respeito, porém, eu quero crer que a Morte mereça maiores encômios.

É ela que faz todas as consolações das nossas desgraças; é dela que nós esperamos a nossa redenção; é ela a quem todos os infelizes pedem socorro e esquecimento.

Gosto da morte porque ela é o aniquilamento de todos nós; gosto da Morte porque ela nos sagra. Em vida, todos nós somos conhecidos pela calúnia e a maledicência, mas, depois que ela nos leva, nós somos conhecidos (a repetição é a melhor figura de retórica) pelas nossas boas qualidades.

É inútil estar vivendo, para ser dependente dos outros; é inútil estar vivendo para sofrer os vexames que não merecemos.

A vida não pode ser uma dor, uma humilhação de contínuos e burocratas idiotas; a vida deve ser uma vitória. Quando, porém, não se pode conseguir isto, a Morte é que deve vir em nosso socorro.

A covardia mental e moral do Brasil não permite movimentos de independência; ela só quer acompanhadores de procissão, que só visam lucros ou salários nos pareceres. Não há, entre nós, campo para as grandes batalhas de espírito e inteligência. Tudo aqui é feito com o dinheiro e os títulos. A agitação de uma ideia não repercute na massa e quando esta sabe que se trata de contrariar uma pessoa poderosa, trata o agitador de louco.

Sendo assim, eu a sagro, antes que ela me sagre na minha pobreza, na minha infelicidade, na minha desgraça e na minha honestidade.[131]

---

[131] Da crônica "Elogio da morte" (1918), em *Marginália*, 1953.

## Apêndice

À tarde, o enterro de Lima Barreto saiu, levado lentamente pelas mãos dos raros amigos que lá foram. Mas, ao longo das ruas suburbanas, de dentro dos jardins modestos, às esquinas, às portas dos botequins, surgia a cada momento, toda uma *foule* anônima e vária, que se ia incorporando atrás do seu caixão, silenciosamente. Eram pretos em mangas de camisa, rapazes estudantes, um bando de crianças da vizinhança (muitos eram afilhados do escritor), comerciantes de bairro, carregadores em tamancos, empregados da estrada, botequineiros e até borrachos, com o rosto lavado em lágrimas, berrando com o sentimentalismo assustado das crianças, o nome do companheiro de vício e de tantas horas silenciosas, vividas à mesa de todas essas tabernas...

E, assim, chegou-se à plataforma da pequena estação de Todos os Santos, onde, durante uma meia hora, o seu corpo ficou depositado à espera do trem. Depois, dentro do vagão mortuário, o autor de *Isaías Caminha* atravessou pela última vez aquele subúrbio que ele conhecia e amava — todo o subúrbio da sua obra.

À *gare* da Central outros amigos o esperavam. Eram poucos, mas sinceros... Félix Pacheco, Paulo Hasslocher, José Mariano Filho, Armando Gonzaga e muitos amigos anônimos, talvez os seus simples leitores, rapazes novos, antigos condiscípulos de Lima Barreto na Escola de Engenharia, velhos desconhecidos que falavam comovidamente sobre a infância do grande romancista, rapazes jornalistas, velhos repórteres da imprensa carioca, fotógrafos, editores...

Posto o caixão em um carro fúnebre de terceira classe, dois ou três ramos de flores aos cantos, e o enterro partia, seguido do seu pequeno cortejo, a caminho do São João Batista, onde Lima Barreto queria ter a sua cova, que foi toda a sua vaidade. Nunca viveu entre os bairros aristocráticos, nem nunca foi recebido nos seus salões, mas quis dormir o seu sono imortal no cemitério de tão belos mármores, entre a fidalguia triste dos altos ciprestes. E é lá justamente junto à encosta da montanha que ele repousa.

Como a *foule* anônima do subúrbio e da *gare* da Central, lá estava uma outra abeirada em volta do seu túmulo, quando o caixão baixava ao fundo da terra. Aquele enterro tão humilde, acompanhado de uma gente tão diversa, onde um senador ilustre ia ao lado de um operário, e um jornalista elegante tomando a alça do caixão das mãos calosas de um preto velho, e onde um poeta, mostrando a bela cabeça descoberta, inclinava-se para ouvir o gaguejar borracho de um sujeito sujo e hirsuto, foram detalhes estranhos a que acudiu a multidão curiosa, a eterna farejadora de emoções e de crimes, a ledora eterna dos romances alheios... Multidão! A eterna alma das cidades...

Foi assim que o mestre recebeu, pela força do destino, a grande e anônima homenagem do povo carioca. Não importa que muitos daqueles que se acercavam do túmulo, ignorassem que a terra estava a cobrir um dos maiores romancistas que o Brasil tem tido.[132]

Referências

126
Jean-Marie Guyau (1854-1888), poeta e filósofo francês interessado na análise crítica e moral da filosofia moderna, notabilizou-se pelos *Esboços de uma moral sem obrigação nem sanção* (1884), com o qual recebeu de Piotr Kropótkin (1842-1921) um capítulo especial em seu livro *Ética: origem e desenvolvimento* (publicado

---

[132] Do artigo de despedida, "A morte do mestre", de Enéas Ferraz, publicado no jornal *O País* em 20 de novembro de 1922.

postumamente, em 1922). Uma das ideias centrais de Guyau nasce da observação de que o fator decisivo na motivação das relações humanas decorre da fusão cada vez maior das sensibilidades nutridas pela influência das ideias e das ações. É também autor do *Ensaio sobre a moral literária* (1873) e da *Moral de Epicuro* (1875).

128
Solilóquio da morte do major Quaresma, na prisão, em *Triste fim de Policarpo Quaresma*.

132
[José Alves] Félix Pacheco (1879-1934), jornalista, poeta e bibliófilo piauiense radicado no Rio de Janeiro, foi diretor do *Jornal do Comércio* e um dos amigos mais próximos de Lima Barreto. Chegou à Câmara e ao Senado Federal, tendo exercido o cargo de Ministro das Relações Exteriores (1922-1926).

Paulo [Germano] Hasslocher (1891-1966), jornalista e diplomata gaúcho, foi companheiro de Lima Barreto nos tempos de militância jornalística, em particular durante o período em que o romancista colaborou no semanário *A.B.C.*, de que Hasslocher foi diretor.

José Mariano Filho (1881-1946), historiador pernambucano radicado no Rio de Janeiro e autor dos *Estudos de arte brasileira* (1942).

Armando Gonzaga (1889-1954), amigo e companheiro de mocidade de Lima Barreto, foi um dos mais importantes autores teatrais do Rio de Janeiro do começo do século passado, destacando-se no gênero da comédia de costumes. É autor, entre outras, das peças *Ministro do Supremo* (1921) e *Cala a boca, Etelvina!...* (1925).

Prontuário da primeira internação de Lima Barreto, em 1914.
Acervo da Biblioteca Prof. João Ferreira da Silva Filho
do Instituto de Psiquiatria da UFRJ.

# IX

## Outros retratos

Nome: Afonso Henriques de Lima Barreto.
Cor: branco.
Idade: 33 anos.
Estado: solteiro.
Nacionalidade: brasileiro.
Profissão: empregado público.
Entrada em: 18 de agosto de 1914.
Diagnóstico: alcoolismo.
Inspeção geral: o nosso observado é um indivíduo de boa estrutura, de compleição forte, apresentando estigmas de degeneração física. Dentes maus; língua com acentuados tremores fibrilares, assim como nas extremidades digitais.
Exame de reflexos: as pupilas em miósis não reagem à luz, reagindo lentamente à acomodação.
Aparelho digestivo: normal.
Aparelho circulatório: normal.
Aparelho gênito-urinário: normal. Está atualmente com blenorragia.
Acusa insônias, com alucinações visuais e auditivas.
Confessa-se alcoolista imoderado, não fazendo questão de qualidade. Interrogado sobre o motivo de sua internação, refere que, indo à casa de um tio em Guaratiba, prepararam-lhe uma assombração, com aparecimento de fantasmas, que aliás lhe causaram muito pavor.[133]

---

[133] Registro clínico da entrada do escritor no Hospital Nacional de

\* \* \*

"[*Recordações do escrivão Isaías Caminha*] tem muitas imperfeições de composição, de linguagem, de estilo, e outras que o senhor mesmo, estou certo, será o primeiro a reconhecer-lhe, mas com todos os seus senões é um livro distinto, sem engano possível, de talento real. Há nele, porém, um grave defeito, julgo-o ao menos, e para o qual chamo a sua atenção, o seu excessivo personalismo. É pessoalíssimo, e, o que é pior, sente-se demais que o é. A sua amargura, legítima, sincera, respeitável, como todo nobre sentimento, ressumbra demais no seu livro, tendo-lhe faltado a arte de a esconder quando talvez a arte o exija. E seria mais altivo não a mostrar tanto." [JOSÉ VERÍSSIMO, em carta de 5 de março de 1910]

\* \* \*

"Lima, acabei de assistir o triste fim de Policarpo Quaresma. Hei de te escrever. Ah! caboclo medonho, se eu te encontrasse hoje, te daria um abraço de matar. Crê no meu sincero entusiasmo, como que me toco também de glória, da vitória dos meus queridos." [JACKSON DE FIGUEIREDO, em bilhete de 1916]

\* \* \*

"Há um defeito grave [nos romances] de Lima Barreto. Não há razoável acabamento; falta sempre a chave da abóbada que ele carpenteja excelentemente. Todos os arabescos, toda a decoração é esplêndida, mas a arquitetura é falha.

---

Alienados, na Praia Vermelha, Rio de Janeiro — primeira internação, 18 de agosto de 1914.

Isso provém, talvez, de que escreva para os jornais e deixe para os azares dos dias a inspiração final dos seus trabalhos. O jornalismo é sempre uma arte apressada e imperfeita que não deixa amadurecer e compor-se a congruência de obras mais complexas e que reclamam delongas de meditação e de estudo. Mas a verdade é que temos em Lima Barreto um grande romancista da cidade, conhecedor dessa Babilônia, como foi Aluísio Azevedo, o autor do *Cortiço*." [JOÃO RIBEIRO, em artigo do jornal *O Imparcial*, do Rio de Janeiro, em maio de 1917]

\* \* \*

"De Lima Barreto não é exagero dizer que lançou entre nós uma fórmula nova de romance. O romance de crítica social sem doutrinarismo dogmático. Conjuga equilibradamente duas coisas: o desenho dos tipos e a pintura do cenário. É um revoltado, mas um revoltado em período manso de revolta. Em vez de cólera, ironia; em vez de diatribe, essa *nonchalance* filosofante de quem vê a vida sentado num café, amolentado por um dia de calor..." [MONTEIRO LOBATO, no artigo "Livros novos", em março de 1919]

\* \* \*

"O romance brasileiro tem na sua obra a sua verdadeira fase moderna. *Vida e morte de M. J. Gonzaga de Sá*, com o ser o último, é frisante exemplo desse momento evolutivo que ora se opera nas letras pátrias. E vem daí o que me despertou a um trabalho, onde procurarei estudar as correntes nativistas da literatura nacional. Os seus trabalhos terão lugar destacado no meu ensaio." [JAIME ADOUR DA CÂMARA, em carta a Lima Barreto de 26 de maio de 1919]

* * *

"Por mais que esteja eu acostumado a sentir em tudo que o senhor escreve as altas qualidades de notável escritor, devo dizer-lhe que neste volume [*Histórias e sonhos*] encontrei ainda muita coisa que admirar. Não é só o escritor feito, que aí se reafirma, o que julgo mais extraordinário; mas a sua capacidade de psicólogo, o seu poder de análise, a sua profunda intuição das coisas, e sobretudo essa técnica de artista consumado com que projeta nas suas telas, perfeitas e vivas, as suas figuras e cenas, as suas paisagens e os seus dramas. Em suma, o senhor, meu caro amigo, é um caso único em nossas letras." [ROCHA POMBO, em carta de 14 de novembro de 1921]

* * *

"Romancista dos maiores que o Brasil tem tido — observando com o poder e a precisão de uma lente, escrevendo com segurança magistral, descrevendo o meio popular como nenhum outro, Lima Barreto, assim como se descuidava de si, da própria vida, descuidou-se da obra que construiu, não procurando corrigi-la de vícios de linguagem, dando-a como lhe saía da pena fácil, sem a revisão necessária, o apuro indispensável, o toque definitivo, de remate que queria a obra d'arte." [COELHO NETO, no artigo "A sereia", publicado no *Jornal do Brasil* em 5 de novembro de 1922]

* * *

"O que mais importa, no concernente à posição de Lima Barreto, sobretudo em relação aos grandes problemas, é verificarmos que ele, por aguda intuição e por experiência própria, sabia quase sempre nortear o seu pensamento pelo bom caminho, e isto precisamente é que confere aos seus artigos e comentários de jornal uma substância duradoura, e contribui em boa medida para uma compreensão mais profunda da sua obra de ficcionista." [ASTROJILDO PEREIRA, no prefácio à primeira edição de *Bagatelas*, em 1923]

\* \* \*

"A [revista] *Careta* publicou sobre Lima Barreto uma croniqueta muito interessante, logo depois de sua morte. O autor (Peregrino Júnior) conta que certa vez aconselhara o Lima a deixar de beber ou, pelo menos, a beber menos. E argumentava: Você assim acaba não produzindo mais, e se prejudicará, como tantos outros. Qual, interrompeu o Lima. O que prejudica os nossos literatos não é a cachaça, é a burrice..." [ANTÔNIO NORONHA SANTOS, em depoimento ao jornal *Diário da Manhã*, de Niterói, em 9 de outubro de 1942]

\* \* \*

"Dos livros de Lima Barreto se evola um grande desencanto de viver. Vencido na vida, inadaptável, comunica a sua literatura um acre perfume de tédio e amargor. Sua obra é uma galeria de caricaturas sociais, magistralmente traçadas. O criador de Policarpo Quaresma, tipo nacional em essência, estiliza o ridículo. Mais do que um ironista, um cético, ou um revoltado, Lima Barreto é um caricaturista. Ainda nos seus tipos preferidos, aqueles que falam por suas palavras, não desfalece a feição do autor, a quem não escapam os defeitos, os tiques, as fraquezas dos melhores. São homens, e tanto basta... Lima Barreto é um humorista da estirpe intelectual de Machado de Assis. Pode-se dizer que, depois deste, é o nosso humorista. Machado de Assis chegou ao humorismo perfeito, àquele equilíbrio supremo de pensamento e estilo, nos seus últimos livros. Lima Barreto atingiu o humorismo — do primeiro impulso — porque essa era a feição ingênita do seus espírito. Ressente-se por isso, a sua obra, de alguma incerteza, de muito desleixo e ainda de uma certa incontinência de pensamento. A revolta contra os males sociais rompe amiúde o verniz da ironia. Ainda não alcançou a impassibilidade do humour. Lá chegará, se vencer o tédio de viver." [TRISTÃO DE ATHAYDE, no artigo "Um discípulo de Machado", saído no "Suplemento Literário" do jornal *A Manhã*, do Rio de Janeiro, em 18 de abril de 1943]

\* \* \*

"O senhor Lima Barreto é no romance brasileiro o que Hogarth foi na pintura inglesa. Ambos pintam os ridículos e as faltas da sociedade em que se movem. Ninguém hoje, no Brasil, cultiva o gênero literário do romance com tanto talento e tanta felicidade quanto este ironista sem rebuços nem artifícios." [MANUEL DE OLIVEIRA LIMA, na mesma edição do "Suplemento Literário" do jornal *A Manhã*, 18 de abril de 1943]

\* \* \*

"Um dia destes inaugurou-se na Ilha do Governador pequeno monumento a Lima Barreto. Alguns leves comentários nos jornais, e o fato passou sem maior repercussão no tumulto de outros fatos. Creio que, mesmo entre os curiosos de livros e autores nacionais, muita gente teria inquirido quem fora este Lima Barreto, julgado digno, hoje, de famosa perpetuação em bronze. Conheci o homem e prezei e prezo, sobremodo, o autor. O homem, um boêmio completo, quase um tipo de rua, alheio a todas as vaidades humanas, descontando as horas do dia e da noite nos fundos dos botequins e cafés ou nas calçadas de algumas livrarias da Travessa do Ouvidor e da rua de São José. Não sei se na geração de escritores surgidos nos primeiros anos deste século, haverá algum com melhores títulos do que Lima Barreto." [José Maria Bello, na mesma edição do referido suplemento]

\* \* \*

"Contou-me [um amigo] um fato que se passara entre Lima Barreto e o nosso arquiteto [José Mariano Filho]. Uma vez José Mariano vira o romancista com um chapéu muito velho, muito sujo, e levou-o a um chapeleiro para corrigir aquele desmantelo. Lima Barreto saiu da loja de chapéu novo, uma palheta que espelhava ao sol. Todo mundo começou a olhar para a alvura do chapéu do Lima. Então o pobre romancista verificou que tinha cometido um erro. O chapéu era muito novo, mas a sua roupa era muito velha. E agora parecia-lhe mais velha ainda. Ficou triste, com pena do casaco surrado, das calças rotas. E o primeiro sujeito que Lima encontrou de chapéu sujo, bem velho, chamou-o para um negócio. Queria trocar o seu chapéu novo pelo outro que o homem trazia que era uma desgraça. Fizeram o negócio. Lima ficara, outra vez, feliz, e o desconhecido, convencido de que tinha enganado a um maluco. Não era maluco, era Lima Barreto." [José Lins do Rego, no artigo "Sobre Lima Barreto", publicado no "Suplemento Literário" do jornal *A Manhã*, em 23 de maio de 1943]

\* \* \*

"Lima Barreto é um dos poucos escritores que entre nós compreenderam verdadeiramente seu país; e não excluo aqui nem sociólogos nem quaisquer outros pensadores. Exprimiu seu conhecimento em romances; mas em poucas obras, mesmo especializadas, ou que se julgam tais, se encontrará, e isto mesmo até hoje, uma percepção tão clara e nítida do que é o Brasil; este Brasil que não é o dos discursos, dos relatórios oficiais e da nossa literatura tão convencional. Apesar disso, além de ignorado, Lima Barreto ainda parece incompreendido. Seus tipos, com todo o realismo que os caracteriza, são dados como caricaturas, invenções de um mundo artificial criado pela imaginação do autor." [CAIO PRADO JÚNIOR, na revista *Leitura*, do Rio de Janeiro, em agosto de 1943]

\* \* \*

"Amou os miseráveis, não como os realistas franceses, pelo amor ao pitoresco do vício e da miséria, mas porque o animava uma piedade quase doentia de eslavo. Havia nesse mestiço um neto de Gógol. Transfigurava os assuntos mais repulsivos, à força de simpatia e candidez. Mais que um autor, Lima Barreto foi um homem. Outros romancistas podem inspirar-nos maior admiração; nenhum outro pode inspirar-nos tamanho amor..." [AGRIPINO GRIECO, em *Vivos e mortos*, 1947]

\* \* \*

"No caso [de Lima Barreto], não só as circunstâncias de sua vida pessoal, tão marcada pelo desmazelo e a intemperança, parecem inseparáveis de sua obra literária, como afetam certamente muitos dos juízos, benévolos ou desfavoráveis, que pôde suscitar. A verdade é que Lima Barreto não foi o gênio que nele suspeitam alguns dos seus admiradores e nem é possível, sem injustiça, equipará-lo ao autor do *Brás Cubas*. E quando leio, por exemplo, que meu amigo Caio Prado Júnior considera a obra de Lima Barreto a de 'um dos maiores, sob muitos aspectos, do maior romancista brasileiro', tenho a certeza de que estes 'muitos aspectos' não são precisamente os que se devam estimar em primeiro plano no trato da literatura de imaginação." [SÉRGIO BUARQUE DE HOLANDA, em artigo publicado no *Diário de Notícias* do Rio de Janeiro em janeiro de 1949]

\* \* \*

"O que aproxima Lima Barreto de Machado de Assis são as explorações em profundidade que ambos realizaram, quase sós, em seu tempo. Sem dúvida, haviam-nas também tentado Raul Pompeia e Graça Aranha, mas tanto num como noutro essa sondagem se faz menos por meio das personagens do que do autor, isto é, foram, Pompeia mais crítico e Graça Aranha mais filósofo do que romancistas. Lima Barreto, como Machado de Assis, fala exclusivamente em termos de ficção, é através de suas criaturas que interroga a existência." [LÚCIA MIGUEL-PEREIRA, *Prosa de ficção: de 1870 a 1920*, 1950]

\* \* \*

"Verifico pelo *Diário íntimo* de Lima Barreto que escrevi a meu modo o livro que ele mais desejou escrever, segundo apontamento de 1903 com que abre o mesmo diário, só agora publicado: 'No futuro escreverei a *História da escravidão negra no Brasil e sua influência na nossa nacionalidade*'. Não realizou, Lima Barreto, de modo específico, seu sonho de 'obra-prima', nem sob a forma de história, como a princípio pretendeu, nem sob o aspecto de romance em que depois desejou adoçar aquela tarefa na verdade áspera. A Lima Barreto faltou formação universitária ou seu justo equivalente: o conhecimento que reuniu sobre os assuntos de sua predileção vê-se pelo seu diário íntimo que foi um saber desordenado e como ele próprio boêmio. No romancista mulato o poder de observação dos fatos era quase sempre agudo; mas quase nenhuma sua assimilação desses fatos em saber sistemático." [GILBERTO FREYRE, no prefácio, redigido em julho de 1954, à edição do *Diário íntimo*, de Lima Barreto]

\* \* \*

"Onde alguns críticos, principalmente aqueles que formam na quinta coluna literária, procuram ver, na obra de Lima Barreto, apenas o improviso, o remoque ou a caricatura, não estará, ao contrário, a vontade deliberada de não falsear a verdade?

O que parece fora de dúvida é que o verdadeiro Brasil está mais nos livros de Lima Barreto do que nos dos escritores citadinos ou regionalistas, tidos e havidos como os mais representativos do nosso 1900 literário, como Graça Aranha, Coelho Neto, Afonso Arinos ou Valdomiro Silveira. Não foi portanto o injuriado caricaturista e panfletário quem deformou a realidade, mas os outros, que, movidos por este ou aquele motivo, mas cheios das melhores intenções, como é uso dizer-se, pretenderam dar aos seus quadros, *soi disant* reais, tons mais alegres, ou mais agradáveis, para disfarçar o que poderia parecer depreciativo, quando não vergonhoso à pudicícia nacional." [FRANCISCO DE ASSIS BARBOSA, no prefácio às *Recordações do escrivão Isaías Caminha*, em 1956]

\* \* \*

"Pode-se reconhecer que o móvel profundo que animou Lima Barreto, ao tomar dados biográficos para grandes motivos de sua obra literária, foi sempre o reconhecimento lúcido e consciente do quanto de injusto a sociedade gestava em seu ventre com relação a eles. Dessa maneira, antecipou-

-se ao esforço da procura do típico em literatura, não por singularidades ou excepcionalidades, mas pelo aprofundamento objetivo e sincero de certa presença constante e característica, ainda que por vezes velada ou transfigurada, presença em determinado meio que era (e é) o nosso. Foi no exercício dessa militância — e em função dessa militância — que enfrentou o problema 'artístico' da linguagem e da língua portuguesa no Brasil." [ANTÔNIO HOUAISS, no prefácio a *Vida urbana*, 1956]

\* \* \*

"Lima Barreto possui envergadura artística para não ser avaliado por comparação. Ninguém pode falar em desleixo, a não ser ele mesmo, por modéstia. Sabemos bem que as suas imperfeições provieram muito da falta de tempo, de ausência de tranquilidade para polir ou retocar. Ele próprio o sentia e quando, raramente, lhe foram permitidas essas oportunidades, soube dar mostra de capacidade formal excelente, como qualquer pode ver em vários capítulos de *Recordações do escrivão Isaías Caminha* e em contos como 'A nova Califórnia' ou 'O homem que sabia javanês'." [M. CAVALCANTI PROENÇA, no prefácio às *Impressões de leitura*, em 1956]

\* \* \*

"[Na escrita de Lima Barreto], a passagem constante da particularidade individual para a generalidade da elaboração romanesca (e vice-versa) importa numa espécie de concepção do homem e do mundo, a partir de um modo singular de ver e sentir. Daí o interesse de tudo aquilo que, na sua obra, pode ser chamado literatura íntima: diários, correspondência, até os desabafos frequentes dos escritos de circunstância. Com efeito, trata-se de um elemento pessoal que não se perde no personalismo, mas é canalizado para uma representação destemida e não conformista da sociedade em que viveu. Espelho contra espelho (para usar noutro sentido a imagem de Eugênio Gomes) é uma das atitudes básicas desse rebelado que fez da sua mágoa uma investida, não um isolamento." [ANTONIO CANDIDO, no artigo "Os olhos, a barca e o espelho", publicado no "Suplemento Cultural" do jornal *O Estado de S. Paulo*, em 17 de outubro de 1976]

\* \* \*

"Lima Barreto, a bem dizer, deu de ombros à própria glória literária. Não pensou nela. Escrevia por desafogo. Romances, contos e crônicas que publicou, mantiveram caráter de protesto. Contra as rotinas, os preconceitos, contra a tolice, as frivolidades, contra o ramerrão, contra as normas e regras, que só o tempo consagrara. Não houve, nas letras brasileiras, escritor tão revolucionário." [JOÃO ANTÔNIO, em artigo para o *Jornal do Brasil*, em 17 de junho de 1978]

\* \* \*

"Lima Barreto centrava as baterias da sátira nos tipos locais da sua convivência com a cidade, suscitando no leitor a ideia promissora (parece que ausente em Machado de Assis) de que outra devesse e talvez pudesse ser a nossa realidade, caso a República se norteasse por princípios justos e solidários, herdeiros radicais da Ilustração e da Revolução Francesa. Para tanto, as instituições deveriam perder o seu poder cruel de marginalizar um cidadão de pele escura ou roupa surrada." [ALFREDO BOSI, "Figuras do *eu* nas recordações de Isaías Caminha", em *Literatura e resistência*, 2002]

# Índice onomástico

Abreu, Casimiro de, 125
Adriano, 96
Alcan, Félix, 95, 117
Alencar, José de, 28, 62, 79, 86
Almeida, Belmiro de, 120
Almeida, Manuel Ribeiro de, 125, 135
Amaral, Inácio Manuel Azevedo, 130, 135
Amaral, Teresa Pimentel do, 141
Anjos, Augusto dos, 160
Antônio, João, 184
Aquino, São Tomás de, 148
Arinos, Afonso, 91, 182
Aristófanes, 108, 121
Ataíde, Austregésilo de, 34, 40, 150
Athayde, Tristão de, 160, 178
Audiffret, 61
Augusta, Amália, 23
Avelino, Georgino, 159
Azevedo, Aluísio de, 175
Azevedo, Ruy Gomes de, 39
Baedeker, Karl, 163
Balzac, Honoré de, 26, 34, 36, 59, 68, 75
Barbosa, Rui, 123, 140
Barbosa, Francisco de Assis, 13, 92, 118, 182
Barrès, Maurice, 95, 118
Barreto, Carlindo Lima, 23
Barreto, João Henriques de Lima, 15, 23, 36
Barros, João de, 56
Bataille, Georges, 97
Baudelaire, Charles, 12, 120
Baumgarten, Alexander Gottlieb, 100
Beaumarchais, Pierre, 97, 118
Bello, José Maria de Albuquerque, 179
Bernardes, Artur, 44, 159
Bilac, Olavo, 48, 128
Bluteau, Rafael, 70, 90
Boileau, Nicolas, 90
Boissier, Gaston, 96, 118
Bojer, Johan, 65, 88
Bosi, Alfredo, 186
Bossuet, Jacques, 158, 162
Boticelli, Sandro, 50
Bouglé, Célestin, 27, 37
Brandão, João Lúcio, 76, 91
Brillat-Savarin, Anthelme, 41, 54
Brito, José Saturnino de, 150, 151, 161
Brunetière, Ferdinand, 32, 95, 100, 101, 117
Cabral, Pedro Álvares, 133,
Calderón de la Barca, Pedro, 107
Calígula, 96
Câmara, Jaime Adour da, 175
Campos, Augusto de, 91

Candido, Antonio, 184
Carlyle, Thomas, 67, 89, 125, 130
Carneiro, Mário Tibúrcio Gomes, 96, 118
Castelo Branco, Camilo, 31, 39
Castilho, Antônio Feliciano de, 34, 40, 83
Castro Alves, Antônio Frederico de, 62, 87
Castro Lopes, Antônio de, 44, 55, 103
Cervantes, Miguel de, 12, 33
César, Caio Julio, 50, 96
Chamas (Akina Bachi), 125
Claye, Jules, 23
Coelho Neto, Henrique Maximiliano, 104, 129, 176, 182
Comte, Auguste, 61
Conceição, Geraldina Leocádia da, 17
Constant, Benjamim, 133, 136
Corneille, Pierre, 97
Corot, Camille, 95, 117
Coutinho, Lafayette, 136
Croiset, Maurice, 108, 121
Cruls, Gastão, 69, 71, 89
Cruz e Sousa, João da, 91
Cunha, Euclides da, 60, 61, 86
D'Alembert, Jean le Rond, 86
D'Annunzio, Gabriele, 156, 157, 158, 161
D'Épinay, Madame, 57, 58, 85, 86
D'Houdetot, Sophie, 58, 86
Dantas, Júlio, 64, 65, 87
Dantas, Manuel Pinto de Sousa, 159
Dante Alighieri, 85, 115
Darwin, Charles, 89, 153
Daudet, Alphonse, 34, 40

Daumier, Honoré, 76, 91
Debret, Jean-Baptiste, 29, 38
Deffant, Madame du, 57, 86
Dermay, 97
Dias, Antônio Gonçalves, 62, 86
Dias, Carlos Malheiro, 63, 87
Dickens, Charles, 34, 40, 75
Diderot, Denis, 57, 58, 86
Dostoiévski, Fiódor, 26, 33, 36, 65, 71, 101, 142
Duarte, Dioclécio, 145, 159
Duarte, Dom, 49, 55
Eliot, George, 65, 88
Ésquilo, 113
Faguet, Auguste Émile, 95, 118
Fagundes Varela, Luís Nicolau, 125
Ferraz, Enéas, 74, 75, 91, 123, 170
Fialho de Almeida, José Valentim, 25
Fifi (Alberto Figueiredo Pimentel), 119
Figueiredo, Antero de, 64, 87
Figueiredo, Antônio Cândido de, 44, 55
Figueiredo, Jackson de, 71, 90, 160, 174
Flaubert, Gustave, 26, 31, 36, 39, 68, 125
Foca, João, 106, 120
Fonseca, Corinto da, 102, 120
Fonseca, Gregório, 17, 23
Fonseca, Deodoro da, 133, 136
Fonseca, Pausílipo da, 18, 23
Fontes, Hermes, 82, 83, 92
Fouché, Joseph, 144
França Júnior, Joaquim José da, 106, 120
France, Anatole, 63, 87, 95
Freyre, Gilberto, 182

Frontin, André Gustavo Paulo de, 155, 161
Galvão, Mário, 26, 36, 95, 118
Gama, Domício da, 16, 23
Gógol, Nikolai, 180
Goldoni, Carlo, 107
Gomes, Eugênio, 184
Gomes, Perilo, 148, 149, 160
Gomes, Roberto, 107
Gonçalves de Magalhães, Domingos José, 79
Gonçalves Dias, Antônio, 62, 86
Gonzaga Duque Estrada, Luís, 119
Gonzaga, Armando, 169, 171
Górki, Maksim, 29, 37, 65
Gourmont, Remy de, 32, 40, 95
Graça Aranha, José Pereira da, 113, 181, 182
Grieco, Agripino, 180
Grimm, Friedrich Melchior von, 57, 85
Guedes, Pelino, 26, 32, 35, 36, 54
Guyau, Jean-Marie, 63, 100, 163, 164, 170, 171
Haeckel, Ernst, 142
Hasslocher, Paulo Germano, 169, 171
Hegel, G. W. F., 100
Heródoto, 96
Hogarth, William, 178
Holanda, Sérgio Buarque de, 122, 181
Houaiss, Antônio, 13, 183
Ibsen, Henrik, 28, 65, 97, 107, 114, 118
Ingres, Jean-Auguste Dominique, 95
J. Brito, 103
J. Carlos, 136
Jacquemont, Victor, 153

Jaramillo, Heliodoro, 109, 121
João I, Dom, 55
K. Lixto, 136
Kant, Immanuel, 67, 89
Kilkerry, Pedro, 71, 73, 90, 91
Kropótkin, Piotr, 135
Lacerda, Maurício de, 161
Lamb, Charles, 80, 91
Larousse, Pierre, 163
Lavisse, Ernest, 39
Leal, Antônio Henriques, 86
Leal, Aurelino de Araújo, 159
Lênin, Vladimir, 144, 145, 158
Lespinasse, Julie de, 86
Lessa, Pedro, 67, 89
Lima, Manuel de Oliveira, 16, 23, 30, 178
Lino, Maria, 120
Lobo, Aristides, 133, 136
Lopes, Júlia, 107
Lopes, Oscar, 107
Luís XV, 89
Luís XVI de, 85
Luso, João, 107
Luz, Fábio, 161
Machado de Assis, Joaquim Maria, 34, 62, 79, 80, 87, 117, 181, 184
Machado, José Gomes Pinheiro, 159
Machado, Julião Félix, 98, 119
Maeterlinck, Maurice, 43, 95, 97, 119
Magalhães, Adelino, 66, 88
Magalhães, Carlos Alberto de Sá, 84, 92
Magalhães, Juca, 71, 90
Magalhães, Paulo, 92
Maia, Abigail, 120
Maia, Alcides Castilho, 25, 35, 62, 87

Malet, Albert, 30, 39
Malheiro Dias, Carlos, 63, 87
Manet, Édouard, 97
Maria Antonieta, 115
Marieta Bicicleta, 18
Marinetti, Filippo Tommaso, 116
Marques, Xavier, 64, 73, 89
Martins, Ana Luísa, 94
Martins, Jackson de Figueiredo, 73, 74, 75, 76, 92
Maupassant, Guy de, 30, 34, 39, 40
Meireles, Pedro, 136
Melo Leite, 71, 72, 73, 90
Mendes Leal, José da Silva, 62, 86
Mendonça, Salvador de, 136
Meneses, Raimundo de, 119
Mericourt, Anne Josèphe Théroigne de, 147, 160
Miguel-Pereira, Lúcia, 181
Mirbeau, Octave, 95, 118
Molière, 97, 105
Monet, Oscar Claude, 117
Monteiro Lobato, José Bento, 76, 175
Morais, Prudente José de, 133
Moreira, Luís, 120
Nabuco, Joaquim, 23
Napoleão Bonaparte, 115, 127, 128
Narni, Erasmo de, 161
Nietszche, Friedrich, 32
Nobre, António, 74
Oliveira Lima, Manuel de, 16, 23, 30, 178
Oliveira, Alberto de, 74
Oliveira, Francisco Alves de, 122
Ouro Preto, Visconde de (Afonso Celso de Assis Figueiredo), 23
Pacheco, José Alves Félix, 169, 171
Pascal, Blaise, 32
Pechilin, 112
Pederneiras, Raul, 130, 136
Pedro I, Dom, 88
Pedro II, Dom, 136
Peixoto, Afrânio, 62, 87, 126, 135
Peixoto, Floriano, 136
Peregrino Júnior, João, 117
Pereira Passos, Francisco, 119, 161
Pereira, Astrojildo, 177
Pereiras de Carvalho, 17
Pina Manique, Diogo Inácio de, 144
Pina, Rui de, 126
Pinheiro, Rafael Bordalo, 80, 81, 92
Poe, Edgar Allan, 113
Poincaré, Henri, 145
Pompadour, Madame du (Jeanne Antoinette Poisson), 89, 67
Pompeia, Raul, 59, 181
Prado Júnior, Caio, 180
Prado, Eduardo, 91
Prata, Ranulfo Hora, 85, 92, 123, 134, 135
Proença, Manuel Cavalcanti, 13, 183
Puccini, Giacomo, 80, 81, 92
Pujol, Alfredo, 62, 87
Queirós, Eça de, 25, 27, 37
Rabelais, François, 89, 96
Rabelo, Laurindo, 125
Racine, Jean, 97, 107
Rangel, Alberto, 61, 86
Rego, José Lins do, 179
Renan, Ernest, 27, 37, 125
Ribeiro Filho, Domingos, 124, 135
Ribeiro, João, 16, 28, 142, 175
Ribeiro, Manuel, 125; 135

Ribot, Théodule-Armand, 27, 37, 95, 117
Rimini, Francesca da, 82
Rivarol, Antoine, 57, 85
Rocha Filho, José Mariano da, 169, 171, 179
Rocha Pombo, José Francisco da, 176
Rostand, Edmond, 66, 87
Rouget de Lisle, Claude Joseph, 50, 55
Rousseau, Jean-Jacques, 57, 58, 86, 139
Sand, George, 31, 39
Sanille, Laura, 59
Santos, Antônio Noronha, 18, 24, 31, 131, 177
Santos, Marquesa de, 67, 88
Santos, Nestor Vítor Dos, 77, 79, 80, 91
Schopenhauer, Arthur, 95
Sebastião, Dom, 39
Sforza, 156, 162
Shakespeare, William, 65, 91, 97, 105, 107, 160, 163
Silveira, Valdomiro, 182
Soares, Órris, 147, 160
Sotero dos Reis, Francisco, 44, 55
Sousa, Frei Luís de, 53, 56
Sousa, Otávio Augusto Inglês de, 102
Spencer, Herbert, 67, 89
Stendhal, 26, 36
Suetônio, 96
Swift, Jonathan, 34, 40, 80
Switbilter, H. T., 121
Tácito, Hilário (José Maria de Toledo Malta), 67, 68, 88, 89, 96, 118
Taine, Hippolyte, 27, 30, 37, 100
Tapajós, Júlio, 103, 120

Tavares, Uriel, 71, 73, 90
Thackeray, William, 80, 92
Théo-Filho, 152, 154, 155, 161
Tigre, Manuel Bastos, 29, 37, 120, 124
Tito Lívio, 56
Tolstói, Liev, 12, 26, 34, 36, 65, 100
Trépov, Fedor, 159, 144
Trótski, Leon, 144, 145, 158
Turguêniev, Ivan, 34, 65
Varejão, José Lucilo Ramos, 77, 91, 117
Vaz de Barros, Leonel, 69, 89
Veríssimo, José, 23, 125, 174
Verne, Júlio, 145
Vianna, Oduvaldo, 121
Vieira, Padre Antonio, 56, 70
Visconti, Eliseu, 102, 120
Vissembourg, Wenzel de, 56
Viterbo, Joaquim de Santa Rosa de, 70, 90
Voltaire, 26, 36, 86, 97
Walpole, Horace, 86
Wandenkolk, Eduardo, 133, 136
Warens, Madame de, 58
Wilde, Oscar, 70, 90
Zassúlitch, Vera Ivanovna, 143, 159

Índice onomástico 189

# Obras de Lima Barreto citadas

DIÁRIOS

*Diário íntimo:*
Sem indicação do dia: jan. 1903; jul. 1903; jun. 1904; out. 1911; mar. 1915; mar. 1916;
Sem indicação do dia e do mês: 1903; 1904; 1905; 1906; 1910; 1914; 1917;
Com indicação do dia e do mês: 2 jun. 1903; 12 jun. 1903; 22 nov. 1904; 26 dez. 1904; 3 jan. 1905; 24 jan. 1905; 31 jan. 1905; 5 jan. 1908; 24 jan. 1908; 10 fev. 1908; 16 jul. 1908; 20 abr. 1914; 13 jul. 1914; 7 mar. 1917; 18 jun. 1917; 5 set. 1917.
*Diário do hospício,* pp. 33; 34; 71; 83; 88.

ROMANCES

*Recordações do escrivão Isaías Caminha.* Lisboa: Livraria Clássica Editora, 1909.

*Triste fim de Policarpo Quaresma* (publicado originalmente em folhetins pelo *Jornal do Commercio* em 1911). Rio de Janeiro: Tipografia da Revista dos Tribunais, 1915.

*Numa e a ninfa* (publicado originalmente em folhetins pelo jornal *A Noite*, Rio de Janeiro, em 1915, saiu em seguida, no mesmo ano, em forma de folheto, com páginas de duas colunas aproveitando as matrizes de chumbo da edição em folhetins, acrescido do subtítulo "*Romance da vida contemporânea*". Ainda em 1915, o "livro" teve nova tiragem, impressa pelas oficinas de *A Noite*, com o subtítulo "*Romance sugestivo de escândalos femininos*").

*Vida e morte de M. J. Gonzaga de Sá.* São Paulo: Revista do Brasil, 1919.

*O cemitério dos vivos* (1920). São Paulo: Brasiliense, 1956.

*Os Bruzundangas*. Rio de Janeiro: Jacinto Ribeiro, 1923.

*Clara dos Anjos* (publicado originalmente em folhetins pela revista *Souza Cruz* em 1923-24). Rio de Janeiro: Mérito, 1948.

CONTOS

"A nova Califórnia", escrito em 10 de novembro de 1910, recolhido pela primeira vez em livro no volume *Clara dos Anjos* (Rio de Janeiro, Mérito, 1948).

"Dentes negros e cabelos azuis", publicado em *Histórias e sonhos* (1920).

"Harakashy e as escolas de Java", publicado em *Histórias e sonhos* (1920).

"Lívia", publicado em *Histórias e sonhos* (1920).

"O cemitério", sem data, recolhido em *Marginália* (1953).

"O homem que sabia javanês", publicado pela primeira vez na *Gazeta da Tarde*, Rio de Janeiro, em 29 de abril de 1911.

CONFERÊNCIAS E PREFÁCIOS

"Amplius!", prefácio a *Histórias e sonhos* (1920).

"O destino da literatura", publicada na *Revista Souza Cruz*, números 58-59, outubro e novembro de 1921, recolhida em *Impressões de leitura* (1956).

CRÔNICAS

"*A crítica de ontem*" (de Nestor Vítor), texto publicado na *Revista Contemporânea*, do Rio de Janeiro, em 10 de maio de 1919, recolhida em *Impressões de leitura* (1956).

"À margem do *Coivara*, de Gastão Cruls", publicada no semanário *A.B.C.*, em 23 de julho de 1921, recolhida em *Impressões de leitura* (1956).

"A mulher brasileira", publicada em 1911, recolhida em *Vida urbana* (1956).

"A obra de um ideólogo", publicada no *A.B.C.*, em 5 de fevereiro de 1921, recolhida em *Impressões de leitura* (1956).

"Casos de bovarismo", publicada em 1904, incluída em *Bagatelas* (1923).

"Da minha cela", publicada em 25 de novembro de 1918, recolhida em *Bagatelas* (1923).

"D'Annunzio e Lênin", publicada no *A.B.C.*, em 8 de janeiro de 1921, recolhida em *Feiras e mafuás* (1953).

"Dois meninos", publicada na revista *A Folha*, do Rio de Janeiro, em 1 de junho de 1920, recolhida em *Impressões de leitura* (1956).

"Duas relíquias", de 28 de fevereiro de 1920, recolhida em *Bagatelas* (1923).

"Elogio da morte", publicada no *A.B.C.*, em 19 de outubro de 1918, recolhida em *Marginália* (1953).

"Estética do ferro", publicada na revista *Careta* (sem registro de data), recolhida em *Impressões de leitura* (1956).

"Eu também", publicada na revista *Comédia*, em julho de 1919, recolhida em *Marginália* (1953).

"História de um mulato", publicada no jornal *O País*, em 17 de abril de 1922, recolhida em *Impressões de leitura* (1956).

"História de um soldado velho", publicada na revista *Hoje*, em 10 de abril de 1919, recolhida em *Coisas do reino do Jambon* (1956).

"Histrião ou literato?", publicada na *Revista Contemporânea*, em 15 de fevereiro de 1918, recolhida em *Impressões de leitura* (1956).

"*Limites e protocolo*", publicada no *A.B.C.*, em 2 de maio de 1920, recolhida em *Impressões de leitura* (1956).

"Literatura militante", publicada no semanário *A.B.C.*, em 7 de setembro de 1918, recolhida em *Impressões de leitura* (1956).

"Livros", publicada na revista *Careta*, em 12 de agosto de 1922, recolhida em *Impressões de leitura* (1956).

"Maio", publicada na *Gazeta da Tarde*, em 4 de maio de 1911, recolhida em *Feiras e mafuás* (1953).

"Método confuso", de 8 de outubro de 1921, recolhida em *Feiras e mafuás* (1953).

"*Mme. Pommery*", publicada no jornal *Gazeta de Notícias*, em 2 de junho de 1920, recolhida em *Impressões de leitura* (1956).

"No ajuste de contas...", publicada em 11 de maio de 1918, recolhida em *Bagatelas* (1923).

"O futurismo", publicada na revista *Careta*, em 22 de julho de 1922, recolhida em *Feiras e mafuás* (1953).

"O momento", publicada no jornal *O Correio da Noite*, em 3 de março de 1915, recolhida em *Coisas do reino do Jambon* (1956).

"Palavras de um *snob* anarquista", publicada no jornal *A Voz do Trabalhador*, em 15 de maio de 1913, sob o pseudônimo de "Isaías Caminha", recolhida em *Feiras e mafuás* (1953).

"Palavras dum simples", publicada na revista *Hoje*, em 22 de julho de 1922, recolhida em *Marginália* (1953).

"Pintores, desenhistas etc.", publicada na revista *Estação Teatral*, em 10 de junho de 1911, recolhida em *Feiras e mafuás* (1953).

"Poesia e poetas", publicada no semanário *A.B.C.*, em 5 de março de 1921, recolhida em *Impressões de leitura* (1956).

"Reflexões e contradições à margem de um livro", publicada no *A.B.C.*, em 23 de abril de 1921, recolhida em *Impressões de leitura* (1956).

"Semana artística — I", publicada no jornal *Correio da Noite*, do Rio de Janeiro, em 15 de abril de 1913, recolhida em *Impressões de leitura* (1956).

"Sestros brasileiros", originalmente publicada no volume *Bagatelas* (1923), é aqui citada a partir da edição de homenagem a Lima Barreto, publicada pelo "Suplemento Literário" de *A Manhã*, em 23 de maio de 1943.

"Sobre o maximalismo", publicada em 1 de março de 1919, recolhida em *Bagatelas* (1923).

"Uma coisa puxa a outra... (I)", primeira de uma série de quatro crônicas publicadas na revista *A Estação Teatral*, do Rio de Janeiro, entre 8 de abril e 20 de maio de 1911, recolhida em *Impressões de leitura* (1956).

"Uma coisa puxa a outra... (II)", publicada na revista *A Estação Teatral*, em 22 de abril de 1911.

"Uma fita acadêmica", originalmente publicada no jornal *A.B.C.* de 2 de agosto de 1919 e recolhida no volume *Feiras e mafuás* (1953).

"Um poeta e uma poetisa", crônica datada de 31 de março de 1919, recolhida em *Impressões de leitura* (1956).

"Um romance de Botafogo", publicada no *A.B.C.*, em 24 de setembro de 1921, recolhida em *Impressões de leitura* (1956).

"Um romance pernambucano," crônica datada de 9 de agosto de 1920, recolhida em *Impressões de leitura* (1956).

"Vários autores e várias obras", publicada no jornal *Gazeta de Notícias* do Rio de Janeiro, em 6 de dezembro de 1920, recolhida em *Impressões de leitura* (1956).

"Vera Zassúlitch", publicada em 14 de julho de 1918 (sem indicação de fonte), recolhida em *Bagatelas* (1923).

"Volto ao Camões", publicada no semanário *A.B.C.*, em 27 de abril de 1918, recolhida em *Impressões de leitura* (1956).

## CORRESPONDÊNCIA

A Antônio Noronha Santos, em 27 de julho de 1908; 19 de janeiro de 1911; 9 de julho de 1916.

A Austregésilo de Ataíde, em 19 de janeiro de 1921.

A Carlos Magalhaes, em 23 de dezembro de 1919.

A Corinto da Fonseca, em 14 de julho de 1909.

A Dioclécio Duarte, em 16 de junho de 1919.

A Enéas Ferraz, em 4 de maio de 1921.

A Gregório Fonseca, em 18 de novembro de 1906.

A João Ribeiro, em 3 de junho de 1917.

A Leo Vaz, em 25 de janeiro de 1920.

A Lucilo Varejão, em 26 de setembro de 1922.

A Mário Galvão, em 16 de novembro de 1905; 3 de julho de 1906.

A Mário Tibúrcio Gomes Carneiro, em 22 de dezembro de 1910.

A Otávio Augusto Inglês de Sousa, em 1906, sem data.

A Ranulfo Prata, em 3 de janeiro de 1921.

A Rui Barbosa, em 25 de agosto de 1909, assinada "Isaías Caminha".

Ao redator-chefe do semanário *A Estação Teatral*, em 1910.

Todas os textos de Lima Barreto citados de acordo com *Obra completa em XVII volumes*, organizada por Francisco de Assis Barbosa, com participação de Antônio Houaiss e M. Cavalcanti Proença (São Paulo, Brasiliense, 1956; reimpressão em 1961).

# Referências bibliográficas sobre o autor

ANTÔNIO, João. "Lima Barreto aqui e lá fora", *Jornal do Brasil* (RJ), 2 dez. 1978.

ATHAYDE, Tristão de. Prefácio a *Vida e morte de M. J. Gonzaga de Sá* (*Obra completa de Lima Barreto*, vol. 1, pp. 9-13.); e "Um discípulo de Machado", Suplemento "Autores & Livros" do jornal *A Manhã* (RJ), ano III, vol. IV, n° 13, 18 abr. 1943, pp. 196-7.

BARBOSA, Francisco de Assis. *A vida de Lima Barreto (1881-1922)*. Rio de Janeiro: José Olympio, 2002, 8ª ed.; e prefácio às *Recordações do escrivão Isaías Caminha* (*Obra completa*, vol. 1).

BELLO, José Maria. "Um monumento a Lima Barreto", Suplemento "Autores & Livros", cit., 18 abr. 1943, p. 201.

CÂMARA, Jaime Adour da. "Carta a Lima Barreto". *Correspondência ativa e passiva*, vol. II, p. 164 (*Obra completa*, vol. 17).

CANDIDO, Antonio. "Os olhos, a barca e o espelho", "Suplemento Cultural" de *O Estado de S. Paulo*, 17 out. 1976.

COELHO NETO. "A sereia", *Jornal do Brasil*, 5 nov. 1922, recolhido por Antônio Houaiss na edição crítica do romance *Triste fim de Policarpo Quaresma* (Coleção Arquivos, vol. 30, ALLCA XX), pp. 426-8.

FIGUEIREDO, Jackson de. "Bilhete a Lima Barreto". *Correspondência ativa e passiva*, vol. I, p. 262 (*Obra completa*, vol. 16).

FREYRE, Gilberto. Prefácio ao *Diário íntimo* (*Obra completa*, vol. 14).

GRIECO, Agripino. "O mais brasileiro dos nossos romancistas", Suplemento "Autores & Livros", cit., 18 abr. 1943, pp. 202-3.

HOLANDA, Sérgio Buarque de. Prefácio a *Clara dos Anjos* (*Obra completa*, vol. 5, pp. 9-19), texto originalmente publicado no jornal *Diário de Notícias* (RJ), 23 a 30 jan. 1949.

HOUAISS, Antônio. Prefácio às crônicas de *Vida urbana* (*Obra completa*, vol. 11), pp. 9-41.

LIMA, Manuel de Oliveira. "Depoimento", Suplemento "Autores & Livros", cit., 18 abr. 1943, p. 200.

LOBATO, Monteiro. "Lima Barreto", Suplemento "Autores & Livros", cit., 18 abr. 1943, p. 203.

MIGUEL-PEREIRA, Lúcia. "Prenúncios modernistas: Lima Barreto", em *Prosa de ficção: de 1870 a 1920*, Rio de Janeiro, José Olympio, 1950, pp. 284-313.

PEREIRA, Astrojildo. Prefácio à 1ª edição de *Bagatelas*. Rio de Janeiro: Empresa de Romances Populares (1923), depois incorporado à edição da *Obra completa* (vol. 9), pp. 9-29.

POMBO, Rocha. "Carta a Lima Barreto". *Correspondência ativa e passiva*, vol. II, pp. 259-60.

PRADO JR., Caio. "Lima Barreto sentiu o Brasil". *Leitura* (RJ), ago. 1943, recolhido por Antônio Houaiss na edição crítica do romance *Triste fim de Policarpo Quaresma* (Coleção Arquivos, vol. 30, ALLCA XX), pp. 436-8.

PROENÇA, Manuel Cavalcanti. Prefácio a *Impressões de leitura* (*Obra completa*, vol. 13, pp. 9-44).

REGO, José Lins do. "Sobre Lima Barreto", Suplemento "Autores & Livros", cit., 23 mai. 1943, p. 265.

RIBEIRO, João. "Numa e a ninfa", *O Imparcial* (RJ), 7 mai. 1917. Enfeixado como prefácio do romance (*Obra completa*, vol. 3, pp. 9-12).

SANTOS, Antônio Noronha. Depoimento em 9 de outubro de 1942 para o jornal *Diário da Manhã* (Niterói), depois transcrito, sob o título de "Dois artigos sobre Lima Barreto", no Suplemento "Autores & Livros", cit., nº 17, 23 mai. 1943, p. 262.

VERÍSSIMO, José. "Carta a Lima Barreto", 5 mar. 1910. *Correspondência ativa e passiva*, vol. I, pp. 203-5.

# Sobre Lima Barreto

Nascido no Rio de Janeiro aos 13 de maio de 1881, Afonso Henriques de Lima Barreto morreu na mesma cidade em 1 de novembro de 1922. Matriculado em 1897 na Escola Politécnica, não conseguiu terminar o curso ante as necessidades da família, que se agravaram com a piora do estado de saúde de seu pai. Depois de ingressar como funcionário na Secretaria da Guerra, alternou as tarefas burocráticas com a atividade jornalística, que o levou a colaborar em revistas como *Careta*, *Fon-Fon!*, *O Malho*, *O Espelho*, sem contar os inúmeros jornais que se publicavam no Rio de Janeiro e fora dele. Foi então que esboçou os temas sarcásticos e irreverentes que marcaram a força popular de seus romances, contos e crônicas, em torno dos quais inaugurou um modo próprio de figurar as mazelas de seu tempo, transformadas por seus personagens em flagrantes decisivos de uma sociedade que emergia para o novo século sob o impacto da República recém-implantada.

*Recordações do escrivão Isaías Caminha* (1909), *Triste fim de Policarpo Quaresma* (1915) e *Vida e morte de M. J. Gonzaga de Sá* (1919) ocupam o centro de sua prosa romanesca, ao lado de uma extensa obra de contista, em que ressaltam "A nova Califórnia" (1910), "O homem que sabia javanês" (1911) e "Dentes negros e cabelos azuis" (1920). Completados por um veio humorístico dos mais contundentes, livros como *Numa e a ninfa* (1915) e *Os Bruzundangas* (1923), por exemplo, harmonizam-se com a vasta produção jornalística no terreno da crônica e do relato-flagrante, depois recolhida em livros como *Marginália* (1953), *Vida urbana* (1956), *Bagatelas* (1923) e *Feiras e mafuás* (1953), entre outros. Como jornalista, Lima Barreto foi um militante incansável e destemido em favor dos pobres e dos injustiçados de toda ordem. Como ficcionista, foi um inconformado que jamais deixou de lutar contra a medida velha da retórica acadêmica, tendo discutido e participado das questões mais vivas que precederam a renovação das nossas letras nas primeiras décadas do século XX.

## Sobre o organizador

Antonio Arnoni Prado nasceu em São Paulo, em 1943. Sob orientação de Antonio Candido de Mello e Souza, licenciou-se mestre, com a tese *Lima Barreto: o crítico e a crise*, publicada em 1976, e doutor, com o trabalho *Lauréis insignes no roteiro de 22: os dissidentes, a Semana e o Integralismo* — inicialmente publicado, em versão resumida, sob o título de *Itinerário de uma falsa vanguarda* em 1983. Desde 1979 leciona no Departamento de Teoria Literária da Unicamp. Na Itália, vinculado à Fundação Feltrinelli, iniciou como pós-doutorado seus estudos sobre teatro e cultura anarquistas no Brasil, vertente de pesquisa praticamente inexplorada, que lhe permitiu compor um originalíssimo painel da literatura pré-modernista e dos movimentos de transição nas letras e na sociedade brasileiras entre o fim do século XIX e as primeiras décadas do XX. Foi professor visitante nas universidades de Nova York, Roma, México, Berlim e na Universidade Católica da América, em Washington. Entre outros trabalhos seus incluem-se a edição da crítica literária dispersa de Sérgio Buarque de Holanda nos dois volumes de *O espírito e a letra* (Companhia das Letras, 1996) e a publicação de uma coletânea de ensaios críticos reunidos em *Trincheira, palco e letras* (Cosac Naify, 2004). Publicado pela Editora 34 em 2010, em sua forma integral, revista, ampliada e ilustrada, *Itinerário de uma falsa vanguarda: os dissidentes, a Semana de 22 e o Integralismo* recebeu nesse mesmo ano o Prêmio Mário de Andrade de ensaio literário da Fundação Biblioteca Nacional.

Este livro foi composto em Sabon
pela Bracher & Malta, com CTP e
impressão da Edições Loyola em
papel Pólen Soft 80 g/m² da Cia.
Suzano de Papel e Celulose para a
Editora 34, em julho de 2012.